Seneca | Glück und Schicksal

Jubiläumsausgabe

L. Annaeus Seneca
Glück und Schicksal

Philosophische Betrachtungen

Von der Kürze des Lebens · Von der Ruhe des Gemüts · Vom glücklichen Leben · Von der Vorsehung · Von der Muße

Herausgegeben von Marion Giebel

Reclam

RECLAMS UNIVERSAL-BIBLIOTHEK Nr. 11105

Umschlaggestaltung: ZERO MEDIA GmbH, München
Umschlagabbildung: FinePic®, München
Satz und Druck: Reclam, Ditzingen
Buchbinderische Verarbeitung: Kösel, Krugzell
Printed in Germany 2017

ISBN 978-3-15-011105-5
www.reclam.de

Inhalt

Anhang

Von der Kürze des Lebens

(*De brevitate vitae*)

1. Die meisten Menschen, mein lieber Paulinus, beklagen sich über die Missgunst der Natur: Nur für eine kurze Spanne Zeit werden wir geboren, und diese uns zugestandene Frist läuft so rasch, ja rasend schnell ab, dass das Leben die Menschen, mit nur wenigen Ausnahmen, verlässt, während sie sich gerade im Leben einrichten. Und über diesen allgemeinen Missstand haben nicht nur, wie man meinen könnte, die große Masse und das unvernünftige Volk lamentiert, auch bei berühmten Männern hat diese Empfindung Klagen hervorgerufen. Daher stammt der bekannte Stoßseufzer des berühmtesten aller Ärzte[1]: »Kurz ist das Leben, lang die Kunst.« Daher auch der Hader des Aristoteles mit der Natur, ein Streit, der doch gar nicht zu einem Philosophen passt: »So viel an Lebenszeit hat die Natur den Tieren gegönnt, dass sie fünf oder zehn Lebensalter verbringen dürfen, während dem Menschen, obwohl er zu vielen und großen Aufgaben geschaffen wurde, eine so viel engere Grenze gezogen ist.«

Aber nein, wir haben keine zu geringe Zeitspanne, sondern wir haben viel davon vergeudet. Lang genug ist das Leben und reichlich bemessen auch für die allergrößten Unternehmungen – wenn es nur insgesamt gut angelegt würde. Doch sobald es in Verschwendung und Oberflächlichkeit zerrinnt, sobald es für keinen guten Zweck verwendet wird, dann spüren wir erst unter dem Druck der letzten Not: Das Leben, dessen Vergehen wir gar nicht merkten, ist vergangen. So ist es nun einmal: Wir haben kein kurzes Leben empfangen, sondern es kurz gemacht; keinen Mangel an Lebenszeit haben wir, sondern gehen verschwenderisch damit um. Es ist wie mit reichen und königlichen Schätzen: Sobald sie an einen schlechten Herrn kommen, sind sie im Nu vergeudet, während ein auch noch so bescheidenes Vermögen, wenn es einem tüchtigen Verwalter anvertraut ist, durch Nutzung wächst. So bietet unsere Lebenszeit dem, der sie gut einteilt, genügend Raum.

2. Wozu beklagen wir uns über die Natur? Sie hat sich doch gütig gezeigt: Das Leben ist lang, wenn du es zu nutzen verstehst. Doch den einen hält unersättliche Habgier gefangen, den anderen seine geschäftige Betriebsamkeit mit völlig überflüssiger Plackerei. Der wieder ertrinkt im Wein, der andere dämmert im Nichtstun dahin, wieder einen zermürbt sein Ehrgeiz, mit dem er sich stets von der Meinung der anderen abhängig macht. Den nächsten führt die rastlose Begierde, Geschäfte zu machen, durch alle Länder, über alle Meere, in der Hoffnung auf Profit. Manche treibt die Begeisterung für den Kriegsdienst um: Ständig sind sie darauf aus, entweder andere in Gefahr zu bringen, oder bangen wegen Gefahren für sich selbst. Wieder andere reiben sich auf in freiwilliger Knechtschaft im Dienst für undankbare Herren. Viele hat das Streben nach fremdem Glück oder die Sorge um das eigene völlig vereinnahmt. Die meisten aber, die kein festes Ziel verfolgen, hat ihre Haltlosigkeit, die sie schwankend, unstet und mit sich selbst zerfallen macht, von einem Unternehmen zum andern getrieben. Manche finden an nichts Gefallen, worauf sie ihren Kurs richten könnten, vielmehr werden sie matt und schläfrig von ihrem Schicksal eingeholt. Daher kann ich nicht an der Wahrheit dessen zweifeln, was ein großer Dichter[2] im Ton eines Orakels verkündet hat:

Nur ein kleiner Teil des Lebens ist es, den wir leben.

Die gesamte übrige Spanne ist nicht Leben, sondern Zeit. Von allen Seiten bedrängen und umlagern die Laster die Menschen und lassen es nicht zu, dass sie sich wieder aufrichten oder die Augen zum Anblick der Wahrheit erheben, vielmehr drücken sie die Menschen in die Tiefe und halten sie an die Leidenschaft gefesselt. Niemals steht es ihnen frei, zu sich selbst zu kommen. Wird ihnen einmal zufällig Ruhe zuteil, werden sie doch wie auf hoher See, wo auch nach dem Sturm noch Wellenbewegung herrscht, hin und her geworfen, und niemals haben sie vor ihren eigenen Begierden Ruhe. Glaubst du, ich spreche von denen, deren misslicher Zustand jedem klar ist? Schau dir doch nur diejenigen an, zu deren Glück und Erfolg man sich herbeidrängt: Sie ersticken geradezu an ihren Gütern. Für wie viele ist der Reichtum eine Bürde! Wie vielen saugt ihre Begabung als Redner geradezu das Mark aus, da sie sich tagtäglich bemüht fühlen, ihr Talent unter Beweis zu stellen! Wie viele sind blass und bleich von ihren pausenlosen Vergnügungstouren! Wie vielen lässt der Schwarm von Klienten[3], der sie umdrängt, kein bisschen Freiheit mehr! Ja nimm sie dir nur alle vor – vom Niedrigsten bis zum Höchsten: Der eine braucht einen Rechtsanwalt, ein anderer ist zur Stelle, der ist angeklagt, der verteidigt ihn, ein Dritter ist der Richter. Keiner aber ist für sich selbst da, einer verschleißt sich für den andern. Frag nach denen, deren Namen man auswendig kennt:[4] Du wirst sehen, sie unterscheiden sich nur dadurch, dass der ein Anhänger von jenem ist, der wieder von einem anderen. Sich selbst gehört keiner. Völlig unsinnig ist daher die Entrüstung mancher

Leute: Sie beklagen sich über die verächtliche Behandlung durch Höhergestellte, weil diese bei ihrer Visite keine Zeit für sie hatten. Da bringt es einer fertig, sich wegen der Überheblichkeit eines anderen zu beklagen, während er doch für sich selbst niemals Zeit hat! Der andere hat doch für dich, wer du auch seiest, immerhin einen Blick gehabt, wenn auch von oben herab, er hat dir Gehör geschenkt, hat dich an seine Seite geholt – und dabei hast du es nie für wert gehalten, dich selber anzusehen oder anzuhören. Daher hast du keinen Grund, mit jemandem wegen solcher Gefälligkeiten abzurechnen: Als du sie nämlich erwiesen hast, ging es dir schließlich nicht darum, mit einem anderen zusammen zu sein, du konntest nur nicht mit dir selbst zusammen sein.

3. Wenn auch alle großen Geister, die jemals geglänzt haben, in diesem einen Punkt übereinstimmen: Niemals werden sie sich genug wundern können über diese Verblendung des menschlichen Geistes: Ihre Landgüter lassen die Leute von niemand in Besitz nehmen, und wenn der geringste Streit über den Grenzverlauf aufkommt, rennen sie nach Steinen und Waffen. In ihr eigenes Leben aber lassen sie andere eindringen, ja sie führen sogar die künftigen Mitbesitzer selbst ein. Niemand findet sich, der sein Geld austeilen will, sein Leben aber – an wie viele verteilt es ein jeder! Knauserig sind sie, wenn es gilt, das ererbte Vermögen zusammenzuhalten, steht aber die Zeit auf dem Spiel, dann sind sie die größten Verschwender bei dem, worin doch einzig und allein Geiz eine Tugend wäre. Nehmen wir uns also einen aus dem Kreis der Älteren vor: »Du bist, wie wir sehen, an die äußerste Grenze des Menschenlebens gekommen: Hundert Jahre oder gar noch mehr hast du auf

dem Buckel. Auf, ziehe jetzt die Bilanz von deinem Leben! Rechne aus, wie viel von dieser Zeit dich dein Gläubiger gekostet hat, wie viel die Geliebte, dein Vorgesetzter, dein Klient dir entzogen hat, wie viel die Streitereien mit der Gattin, die Bestrafung der Sklaven und wie viel dein geschäftiges Herumrennen in der Stadt. Nimm noch die Krankheiten hinzu, die wir uns selbst eingebrockt haben,[5] und was ungenutzt brach liegen blieb – du wirst sehen, die Rechnung ergibt: Du hattest weniger Jahre als dein Lebensalter zählt. Rufe dir ins Gedächtnis zurück, wann du bei einem Entschluss fest geblieben bist, wie wenige Tage so verlaufen sind, wie du es dir vorgenommen hattest, wann du überhaupt zu dir selbst gekommen bist, wann du einen ungekünstelten Gesichtsausdruck hattest, wann du innerlich ohne Aufregung warst, was du in einer so langen Lebenszeit geleistet hast, wie viele andere Menschen dein Leben ausgeräubert haben, ohne dass du es merktest, was du eingebüßt hast, wie teuer dich grundloser Kummer zu stehen kam, törichte Freude, gierige Leidenschaft, schmeichlerische Unterhaltung, wie wenig dir von deiner Zeit geblieben ist. Du wirst einsehen müssen, dass du unreif stirbst.«

Was ist nun aber schuld daran? Ihr lebt so, als lebtet ihr ewig; niemals kommt euch eure Hinfälligkeit in den Sinn, nie achtet ihr darauf, wie viel Zeit schon vergangen ist. Als ob ihr sie in Fülle und im Übermaß hättet, verschwendet ihr sie. Dabei ist doch vielleicht gerade der Tag, den ihr für irgendeinen Menschen oder irgendeine Sache dahinschenkt, der letzte Tag. Alles fürchtet ihr wie Sterbliche, alles wollt ihr aber haben wie Unsterbliche. Von sehr vielen wirst du hören können: »Von meinem fünfzigsten Lebensjahr an will ich mich ins Privatleben zurückziehen, das sechzigste wird mich von allen Verpflichtungen entbinden.« Doch wer bürgt dir schließlich dafür, dass du so lange lebst? Wer wird es gestatten, dass alles so verläuft, wie du es dir einteilst? Schämst du dich nicht, nur die kümmerlichen Reste deines Lebens für dich zu behalten und nur die Zeit für sinnvolle geistige Beschäftigung zu bestimmen, die für kein anderes Geschäft mehr taugt? Es ist doch reichlich spät, erst dann mit dem Leben zu beginnen, wenn man es schon bald beenden muss! Und wie unvernünftig ist es, seine Sterblichkeit so weit zu vergessen, dass man gute Vorsätze auf das fünfzigste und sechzigste Lebensjahr verschiebt und erst in einem Alter zu leben beginnen will, das nur wenige erreichen!

4. Von mächtigen und hochgestellten Männern gibt es, wie du bemerken kannst, Äußerungen, in denen sie ihren Wunsch nach Muße aussprechen, deren Loblied singen und sie all ihren Gütern vorziehen. Sie wünschen sich bisweilen, wenn es ohne Gefahr möglich wäre, vom Gipfel ihrer Macht herabzusteigen. Denn wenn auch von außen keinerlei Beunruhigung oder Erschütterung eintreten, das Glück birgt den Keim seines Untergangs in sich.

Der verewigte Augustus, dem die Götter mehr als jedem anderen gewährten, hörte nicht auf, Ruhe für sich zu erbitten und um Befreiung von Staatsgeschäften zu ersuchen.[6] In allen seinen Gesprächen kam er immer wieder auf diesen Punkt zurück: seine Hoffnung auf Muße. Mit diesem wenn auch trügerischen, aber doch süßen Trost machte er sich seine Arbeitslast erträglich, im Gedanken, irgendwann einmal werde er sich selbst gehören. In einem Brief an den Senat hatte er versprochen, seine Zurückgezogenheit werde durchaus nicht ohne Würde und nicht im Gegensatz zu seinem bisherigen hohen Ansehen stehen. Ich fand darin folgende Worte: »Freilich bringt es mehr Ruhm, solches zu halten als es zu versprechen. Doch hat mich das Verlangen nach der so sehnlich erwünschten Zeit so weit gebracht – da ja die Freude an der Verwirklichung bis jetzt noch auf sich warten lässt –, mir wenigstens durch die Schilderung dieses angenehmen Zustands einigen Genuss vorwegzunehmen.« So großartig erschien ihm die Muße, dass er sie, da er sie nicht verwirklichen konnte, in Gedanken vorwegnahm. Er, der sah, wie alles von seiner Person abhängig war, der über das Geschick von einzelnen Menschen und ganzen Völkern zu entscheiden hatte, für den war es die höchste Freude, an den Tag zu denken, an dem er seine Größe ablegen könne. Er wusste nur zu gut, wie viel Schweiß ihm jenes Glück abverlangt hatte, das über die ganze Welt hin strahlte, wie viel geheime Sorgen sich dahinter verbargen. Zuerst gegen seine Mitbürger, dann gegen seine Amtsgenossen, zuletzt gegen seine Verwandten sah er sich zur Entscheidung mit den Waffen gezwungen und hat Blut vergossen zu Wasser und zu Lande.[7] Durch Makedonien, Sizilien, Ägypten, Syrien, Kleinasien und nahezu an alle Gestade wurde er im Krieg getrieben und hat die Heere, müde des Mordes an römischen Mitbürgern, in auswärtige Kriege geführt. Während er die Alpenländer befriedete und die Feinde bezwang, die mitten im Frieden in das Reich eingedrungen waren, während er über Rhein, Euphrat und Donau hinaus die Grenzen ausdehnte, da wurden in Rom selbst die Dolche eines Murena, Caepio, Lepidus, Egnatius und anderer [Verschwörer] gegen ihn geschärft. Noch war er ihren Mordanschlägen nicht entronnen, da waren es die eigene Tochter [Julia] und so viele adlige junge Männer, durch Ehebruch wie einen Treueid an sie gebunden, die den schon vom Alter Gebeugten in Schrecken versetzten: Noch mehr und abermals war eine Frau in Verbindung mit Antonius zu fürchten.[8] Diese Eiterbeulen hatte er mitsamt den Gliedern abgeschnitten, doch neue wuchsen nach. Wie bei einem Körper, der mit allzu viel Blut gefüllt ist, brach immer wieder eine Stelle auf. Daher wünschte er sich Ruhe. In der Hoffnung und im Gedanken an sie fand er Erholung in seinen Mühen. Das wünschte sich ein Mann, der selbst die Macht hatte, die Wünsche anderer zu erfüllen.

5. Marcus Cicero musste sich herumschlagen mit Männern wie Catilina und Clodius, dazu solchen wie Pompeius und Crassus,[9] teils offenen Feinden, teils zweifelhaften Freunden. Dabei geriet er zugleich mit dem Staat ins Wanken, hielt ihn im Sturz noch auf und wurde zuletzt doch mitgerissen, weder ruhig im Glück noch gefasst im Unglück – wie oft verwünschte er gerade sein Konsulat, das er nicht ohne Grund, aber ohne Ende gelobt hatte![10] Wie weinerlich drückt er sich aus in einem Brief an Atticus, damals, als Pompeius (der Vater) bereits besiegt war, sein Sohn aber in Spanien die gebrochene Heeresmacht wieder aufrichten wollte! »Was ich hier tue«, sagt er, »willst du wissen? Nun, ich sitze in meinem Tusculanum, nur zur Hälfte ein freier Mann.« Er fügt noch anderes hinzu, worin er über sein Leben in der Vergangenheit jammert, über die Gegenwart klagt und an der Zukunft verzweifelt. Nur zur Hälfte frei nennt sich Cicero. Doch wird sich ein Philosoph wahrhaftig nie zu einer solch niedrigen Bezeichnung herabwürdigen, niemals wird er ein nur halb freier Mensch sein, da er doch immer über eine unumschränkte und unerschütterli-

che innere Freiheit verfügt. Unabhängig und sein eigener Herr wird er immer sein und hoch über allen anderen stehen. Denn was kann über dem stehen, der über dem Schicksal steht?

6. Livius Drusus[11], ein Mann voll kämpferischer Tatkraft und Energie, hatte neue Gesetze eingebracht und damit die unheilvollen Unruhen der Gracchen wieder aufleben lassen. Umdrängt von einem gewaltigen Zustrom von Menschen aus ganz Italien, überblickte er nun den Ausgang des Geschehens nicht mehr: Er hätte es weder herbeiführen dürfen, noch konnte er es, einmal begonnen, einfach treiben lassen. Da soll er sein von Anfang an ruhe- und rastloses Leben verflucht und gesagt haben, ihm allein sei nicht einmal in der Kindheit freie Zeit vergönnt gewesen. Schon als Minderjähriger und in der Knabentoga hatte er es nämlich kühn unternommen, bei den Richtern für Angeklagte einzutreten und sich dabei so wirksam auf dem Forum einzusetzen, dass einige Verurteilungen, so viel steht fest, durch seinen Einfluss aufgehoben wurden. Wohin musste sich nicht ein so frühreifer Ehrgeiz versteigen? Das lag auf der Hand, dass so viel Vorwitz und Kühnheit für ihn selbst und für den Staat zu schlimmem Unheil führen würden. Zu spät kamen daher seine Klagen, er habe keine freie Zeit gehabt, er, der von Kindheit an ein unruhiger Geist und auf dem Forum ein Querulant gewesen war. Man ist sich nicht einig, ob er durch eigene Hand geendet hat. Plötzlich brach er nämlich mit einer Wunde im Unterleib zusammen, und mancher hat Zweifel, ob sein Tod ein freiwilliger war, keiner aber, dass er zur rechten Zeit kam.

Es wäre überflüssig, noch mehr Leute zu erwähnen, die anderen als wahre Glückskinder erschienen, während sie sich selbst gegenüber die Wahrheit eingestanden: Sie verwünschten nämlich alles, was sie in all den Jahren getan hatten. Mit diesen Klagen haben sie freilich weder andere verändert noch sich selbst. Denn kaum haben sie sich durch diesen Redestrom erleichtert, fallen sie wieder in ihre gewohnten Schwächen zurück. Wahrhaftig, so wie ihr euer Leben führt, und mag es über tausend Jahre währen – es wird in Wahrheit auf eine winzige Spanne zusammenschnurren. Eine solch verkehrte Lebensführung wird ganze Jahrhunderte verschlingen. Obwohl diese Zeitspanne nach dem Gesetz der Natur flüchtig dahineilt, vermag die Vernunft sie auszudehnen. Euch aber muss sie freilich wie im Flug vergehen. Denn ihr ergreift sie nicht, haltet sie nicht fest, bringt dieses Flüchtigste aller Dinge nicht zum Verweilen, nein, ihr lasst sie davonlaufen, wie etwas, das entbehrlich ist und sich nach Belieben zurückholen lässt.

7. Das geht, meine ich, besonders die an, die für nichts als für Wein und Weib Zeit haben, die mieseste Beschäftigung überhaupt. Mögen sich andere vom Wahnbild eines eitlen Ruhmes bannen lassen – ihr Irrtum hat doch wenigstens einen glänzenden Schein. Nenne mir meinetwegen die Geizigen, die Jähzornigen oder die ungerechtem Hass frönen oder Kriege entfachen – sie haben bei ihren Fehlern doch noch irgendwie etwas Mannhaftes an sich. Wer sich aber der Fresserei und Hurerei ergeben hat, der leidet an einer schändlichen Seuche. Prüfe nur einmal die gesamte Zeit solcher Menschen! Schau, wie lange sie herumrechnen, wie lange sie ihre hinterhältigen Pläne spinnen, sich ängstigen, andere hofieren, selbst hofiert werden, wie viel Zeit sie die Bürgschaftsleistungen kosten, eigene und fremde, wie viel ihre Gastmähler, die selbst schon zu zwanghaften Ver-

pflichtungen geworden sind. Du wirst sehen, wie ihre – ob nun Glücks- oder Unglücksgüter – sie gar nicht zu Atem kommen lassen.

Überhaupt ist man sich ja allgemein einig, ein mit allem Möglichen beschäftigter Mensch könne nichts sachgemäß ausüben, nicht die Redekunst, nicht die freien Künste und Wissenschaften, denn ein zerstreuter Geist kann nichts gründlich erfassen, er spuckt alles wieder aus, da es ihm gewissermaßen nur eingetrichtert worden ist. Nichts kann so ein Vielbeschäftigter weniger gut als leben, keine Sache ist ja so schwierig zu erlernen. Lehrer für die anderen Künste gibt es überall und genügend viele. Bei manchen von diesen Fertigkeiten kann man sehen, dass kleine Jungen sie schon so gut beherrschen, um anderen als Lehrmeister dienen zu können. Zu leben aber muss man das ganze Leben über lernen und – worüber du dich vielleicht noch mehr wundern wirst – das ganze Leben über muss man sterben lernen.[12] So viele bedeutende Männer haben sich zunächst von allem losgesagt, was sie behindern konnte, wie Reichtum, Verpflichtungen, Vergnügungen, und haben sich dann bis ans Ende ihres Lebens mit dem einen beschäftigt: zu wissen, wie man lebt. Dennoch schieden die meisten von ihnen aus dem Leben mit dem Eingeständnis, sie wüssten es noch nicht – geschweige denn, dass die anderen es wissen. Glaube mir, nur ein großer und über menschliche Irrtümer erhabener Mensch bringt es fertig, sich nichts von seiner Zeit nehmen zu lassen, und daher ist für ihn das Leben am längsten: Solange es währte, stand es ihm ganz und gar zur Verfügung. Nichts davon hat brachgelegen und blieb ungenutzt, nichts hatte ein anderer mit Beschlag belegt. Er hat nämlich nichts gefunden, was es ihm wert gewesen wäre, dass er dafür seine Zeit eingetauscht hätte, über die er genau Buch führte. Deshalb reichte ihm seine Zeit auch aus, während sie denen fehlen musste, die sich von anderen Leuten so viel abzwacken ließen.

Doch glaub nur nicht, diese würden ihren Verlust nicht eines Tages doch einsehen. Die meisten von denen, die unter den Segnungen ihres Glückes ächzen, die kann man im Kreis ihrer Klienten oder während ihrer Gerichtstätigkeit oder was sonst zu ihrer ehrenvollen Misere gehört, ausrufen hören: »Mir ist es einfach nicht vergönnt zu leben!« Warum sollte es nicht vergönnt sein? Alle, die dich als Anwalt beanspruchen, entziehen dich dir selbst. Der Angeklagte da – wie viele Tage hat er dir weggenommen? Wie viel die Dienste für den Amtsbewerber dort? Wie viel Zeit kostete dich die alte Frau, die ganz erschöpft ist – so viele Erben hat sie schon zu Grabe getragen! Und der andere, der sich todkrank stellte, um die Habsucht der Erbschleicher zu erregen? Dazu noch der überaus einflussreiche Freund, der euch nicht zu seinen Freunden, sondern zu seinen Dienstleuten zählt! Prüfe einmal nach, sage ich, berechne die Tage deines Lebens: Du wirst feststellen, dass dir nur wenige geblieben sind – und dazu hast du sie noch nutzlos hingebracht. Da hat einer das ersehnte Konsulat erreicht, schon wünscht er es wieder niederzulegen und sagt immer wieder: »Wann ist mein Amtsjahr endlich herum?« Ein anderer veranstaltet Zirkusspiele – er nahm es so wichtig, dass ihm diese Aufgabe durch das Los zufiel. »Wann werde ich das wieder los sein?«, sagt er nun. Dann gibt es einen, um den sich auf dem ganzen Forum alle reißen, um ihn als Rechtsbeistand zu bekommen, riesige Menschenmengen drängen sich, sie reichen weiter, als man ihn überhaupt hören kann.

»Wann endlich«, sagt er, »wird der Fall vertagt werden?« Jeder überstürzt sein Leben und leidet dabei, weil er das Zukünftige herbeisehnt, am Gegenwärtigen aber Überdruss hat. Wer jedoch seine gesamte Zeit nur zu seinem eigenen Gebrauch verwendet, wer jeden Tag so gestaltet, als sei es der letzte in seinem Leben, der braucht das Morgen weder herbeizuwünschen noch zu fürchten. Denn was könnte ihm schon diese oder jene Stunde an neuem Vergnügen bringen? Alles ist ihm bekannt, alles schon bis zur Neige ausgekostet. Über den Rest mag das Schicksal verfügen, wie es will. Sein Leben hat er bereits in Sicherheit gebracht. Man kann ihm noch etwas dazugeben, wegnehmen kann man ihm nichts und geben nur so, wie man einem bereits Gesättigten noch etwas zu essen reicht: Er nimmt es, ohne noch Appetit darauf zu haben. Wenn einer graue Haare hat oder Runzeln, brauchst du deswegen nicht zu glauben, er habe lange gelebt: Er hat nicht lange gelebt, er ist einfach nur lange da gewesen. Oder meinst du, einer habe eine weite Seereise gemacht, wenn ihn schon beim Auslaufen aus dem Hafen ein wütender Sturm packte, ihn hierhin und dorthin verschlug und ihn im Wirbel der gegeneinander wütenden Winde immer auf der gleichen Bahn im Kreis herumtrieb? Der hat keine weite Seereise unternommen, er ist nur viel hin und her geworfen worden.

8. Ich wundere mich immer wieder, wenn ich sehe, wie manche die Zeit anderer beanspruchen und wie die sich allzu bereitwillig darauf einlassen. Beide Seiten sehen auf das, weswegen die Zeit beansprucht wird, auf die Zeit selber achtet keiner. Da wird sozusagen nichts gefordert und nichts gegeben. Mit der allerkostbarsten Sache der Welt geht man um wie mit einem Spielzeug. Das entgeht ihnen

aber, weil diese Sache ja etwas Unkörperliches ist, weil man sie mit dem Auge nicht sehen kann, deshalb schätzt man sie so gering ein, ja sie hat praktisch überhaupt keinen Wert. Jahresgehälter und Geldspenden nehmen die Menschen nur zu gerne an, und dafür geben sie ihre Arbeitskraft, Mühe und Hingabe drein, aber niemand schätzt die Zeit. Viel zu gleichgültig geht man mit ihr um, als hätte man sie umsonst. Aber schau dir nur die gleichen Leute an, wenn die Todesgefahr näher rückt: Da fallen sie den Ärzten zu Füßen, oder wenn sie vor dem Todesurteil beben: Alles, was sie haben, wollen sie gerne hingeben, nur um am Leben zu bleiben! Was für Widersprüche in ihren Gefühlen! Könnte man so wie die Zahl der vergangenen Jahre auch die der künftigen bei jedem bestimmen, wie würden dann diejenigen, die nur noch wenige übrig sähen, vor Angst zittern, wie sparsam würden sie mit ihnen umgehen! Nun ist es aber leicht, eine auch geringe Menge einzuteilen, von der man weiß, wie viel es ist. Das aber muss man noch viel sorgfältiger hüten, von dem man nicht weiß, wann es zu Ende geht.

Dennoch darf man nicht glauben, die Leute hätten gar keine Ahnung davon, wie kostbar die Sache ist: Sie gebrauchen ja die Redensart, sie würden denen, die ihnen die liebsten sind, einen Teil ihrer Jahre schenken. Schenken wollen sie, ohne sich dabei etwas zu denken. Sie verausgaben sich nämlich so, dass die anderen gar nichts davon haben. Und sie wissen auch gar nicht, wovon sie da etwas abgeben. So scheint ihnen die Einbuße erträglich, da ihnen der Verlust verborgen bleibt. Niemand wird dir deine Jahre wiedererstatten, niemand wird dich dir selbst wiedergeben. Das Leben wird dahingehen, wie es begonnen hat, es wird in seinem Lauf nicht umkehren noch innehalten. Es wird kein Aufhebens machen, nicht mahnend auf sein rasches Dahineilen verweisen, lautlos wird es dahinfließen. Kein königlicher Befehl, keine Volksgunst wird es verlängern: So wie es am ersten Tag seinen Lauf begonnen hat, so wird es weiterlaufen, nirgends ein Abweichen, nirgends ein Aufenthalt. Was wird sein? Du bist beschäftigt, das Leben aber eilt dahin, unterdessen steht der Tod vor der Tür, für den du, ob du willst oder nicht, Zeit haben musst.

9. Kann es etwas Dümmeres geben als die Einstellung mancher Leute – gerade von solchen, die glauben, sie hätten die Klugheit gepachtet? Sie sind nur noch mehr beschäftigt: Um besser leben zu können, richten sie ihr Leben ein, aber eben auf Kosten dieses Lebens. Auf weite Sicht hin planen sie, dabei ist der größte Verlust für die Lebenszeit das Auf- und Hinausschieben. Das eben entzieht uns gerade den nächsten Tag, das entreißt uns das Jetzt, während es uns Versprechungen macht für später. Das größte Hindernis im Leben ist die Erwartung, die uns an das Morgen bindet und uns das Heute verlieren lässt. Was in der Hand des Schicksals liegt, darüber willst du verfügen; was du selbst in der Hand hast, das lässt du los. Wonach hältst du Ausschau, worauf richtest du deine Hoffnungen? Alles, was noch kommt, liegt im Ungewissen: Jetzt sollst du leben! Da erhebt unser größter Seher und Dichter seine Stimme, und wie aus göttlichem Munde verkündet er den heilsamen Spruch:[13]

> Immer der beste Tag aus dem Leben der armen Sterblichen fliehet zuerst!

Was zauderst du, sagt er, was zögerst du? Wenn du die Zeit nicht packst, entflieht sie. Und selbst wenn du sie gepackt hast, läuft sie dennoch davon. Also muss man gegen die Schnelligkeit der Zeit ankämpfen, indem man sie rasch nutzt. Es ist wie bei einem reißenden Sturzbach, wo man schnell schöpfen muss, da er nicht dauernd fließt. Auch das sagt unser Dichter sehr schön, wenn er, um das Planen ins Blaue hinein zu tadeln, nicht vom besten Alter, sondern vom besten Tag spricht. Wie sorglos und gleichgültig gegenüber dem raschen Fluss der Zeit breitest du Monate und Jahre in langer Reihe vor dir aus, ganz so, wie es deinen gierigen Wünschen gefällt. Über den Tag spricht der Dichter mit dir, über den, der dir gerade eben entflieht. Kein Zweifel also, dass zuerst gerade die besten Tage den armen Sterblichen, das heißt den Vielbeschäftigten, entfliehen. Immer noch kindisch ist ihr Gemüt, wenn sie das Greisenalter überfällt, in das sie unvorbereitet und ungerüstet geraten. Denn für nichts haben sie vorgesorgt, ganz plötzlich sind sie ahnungslos hineingestolpert. Dass es täglich näher rückte, haben sie gar nicht mitbekommen. Wie eine Unterhaltung oder Lektüre oder etwa ein angespanntes Nachdenken die Reisenden täuscht und sie schon angekommen sind, bevor sie merken, dass sie sich ihrem Ziel nähern, so ist es auch bei unserer Lebensreise. Sie läuft ununterbrochen und rasend schnell ab, in unserm Wachen wie im Schlafen im gleichen Zeitmaß, und die allzu Beschäftigten merken es erst am Ende.

10. Wollte ich mein Thema im Einzelnen in Thesen und Argumente einteilen, hätte ich vieles zur Hand, um zu beweisen, dass das Leben der Vielbeschäftigten recht kurz ist. Fabianus[14], keiner von den heutigen Kathederphilosophen,

sondern einer von den echten alten, sagte des Öfteren: »Gegen die Affekte, die bösen Neigungen und Schwächen, muss man energisch ankämpfen, nicht so zimperlich, und man kann ihre Front nicht mit leichten Stichverletzungen, sondern nur im Sturmangriff ins Wanken bringen.« Er hält nichts von Wortgeplänkel: »Gewaltsam niederwerfen muss man nämlich diesen Feind, ihm nicht nur die Haut ritzen.« Um solchen Leuten ihren Irrtum vorzuhalten, muss man sie freilich belehren und darf sie nicht nur bedauern.

In drei Zeiträume gliedert sich das Leben: was war, was ist, was sein wird. Davon ist der Zeitraum, in dem wir handeln können, kurz; was wir in der Zukunft tun werden, ist ungewiss, nur was wir getan haben, steht fest. Das allein ist es nämlich, worin das Schicksal sein Recht auf uns verloren hat und was in keine menschliche Verfügungsgewalt wieder zurückgebracht werden kann. Das aber geht den Geschäftigen verloren. Sie haben nämlich keine Zeit, um auf Vergangenes zurückzublicken, und wenn sie Zeit hätten, dann wären das für sie keine angenehmen Erinnerungen an Dinge, die man bereuen müsste. Nur ungern blicken sie deshalb in Gedanken zurück auf Zeiten, die sie vertan haben. Sie hüten sich, noch einmal daran zu rühren, was nämlich bei erneuter Betrachtung als verfehlt erscheint, auch wenn man das damals, durch einen augenblicklichen Reiz verführt, gar nicht wahrgenommen hat. Nur wer alle seine Handlungen der eigenen ständigen Prüfung unterzogen hat, die niemals in die Irre geht, der wendet sich gern wieder der Vergangenheit zu. Wer aber vieles voller Ehrgeiz erstrebte, voll Hochmut gering schätzte, vieles unbeherrscht erobert, sich heimtückisch erschlichen, gierig geraubt, mit vollen Händen vergeudet hat – der muss sich zwangsläufig vor seinen Erinnerungen scheuen. Dabei ist dies der geheiligte und unantastbare Bereich unserer Lebenszeit, der allen menschlichen Schicksalsschlägen enthoben und der Herrschaft des Geschicks entzogen ist.[15] Nicht Not, nicht Angst, kein Ansturm von Krankheiten kann hier beunruhigend wirken, hier kann nichts mehr gestört noch geraubt werden. Es ist ein Besitz für immer und frei von Sorgen. Nur einzelne Tage des Lebens sind jeweils gegenwärtig und auch diese nur in Augenblicken. Die Tage aus der Vergangenheit aber werden alle, wenn man nur will, wieder gegenwärtig und sie lassen sich nach Belieben betrachten und festhalten, wozu die Geschäftigen freilich keine Zeit haben. Nur ein Geist, der ohne Sorgen und in Gemütsruhe ist, kann alle Phasen seiner Lebenszeit durchlaufen, die Vielbeschäftigten aber sind, wie in ein Joch gespannt, nicht in der Lage, sich umzuwenden und zurückzublicken. So versinkt ihr Leben wie in ein tiefes Loch, und wie wenn man etwas in ein Fass ohne Boden hineinschüttet, kommt es gar nicht darauf an, wie viel Zeit einem gegeben wird, wenn nichts da ist, wo diese Zeit Halt findet: Wie durch angeschlagene und löchrige Gefäße rinnt die Zeit durch die Seelen hindurch.

Sehr kurz ist der gegenwärtige Zeitraum, so kurz, dass er auf manche wie ein Nichts wirkt. Die Zeit ist ja beständig im Fluss, strömt dahin, wie eine Sturzflut; sie hört auf zu sein, ehe sie noch richtig da ist, und duldet kein Verweilen, wie das Weltall und die Gestirne, die in ihrer ewig rastlosen Bewegung niemals an demselben Punkt verharren. So ist es allein der gegenwärtige Moment, der den Vielbeschäftigten gehört, der aber ist so kurz, dass er sich nicht fassen lässt, und so entwindet er sich gerade denen, die sich in vielerlei Beschäftigungen verzetteln.

11. Willst du schließlich noch wissen, worin sich die Kürze ihres Lebens ausdrückt? Da schau dir an, wie begierig sie sind, möglichst lange zu leben. Klapprige alte Männer betteln unter Gelübden um die Zugabe von ein paar Jährchen. Sie machen sich selbst vor, noch jünger zu sein. Mit ihrer Schwindelei schmeicheln sie sich und betrügen sich nur zu gerne selbst, als ob sie damit auch das Schicksal täuschen könnten. Wenn sie dann aber durch eine körperliche Schwäche an ihre Sterblichkeit gemahnt werden, wie zittern sie dann vor Angst beim Sterben, nicht als gingen sie aus dem Leben, sondern als würden sie mitten herausgerissen! »Was für Narren waren wir doch«, so schreien sie, »dass wir nicht gelebt haben, und wenn wir nur aus dieser Krankheit noch einmal davonkommen, dann werden wir in aller Muße leben!« Nun kommt es ihnen zum Bewusstsein, wie vergeblich sie sich etwas geschaffen haben, was sie nicht genießen konnten, wie ihre ganze Mühe sinnlos vertan ist. Doch wer sein Leben fern von aller Geschäftigkeit führt, wie sollte es für den nicht lang sein? Nichts davon wird an andere abgegeben, nichts hierhin und dorthin verstreut, nichts dem Zufall überlassen, nichts verkommt durch Nachlässigkeit, nichts geht durch Verschenken verloren, nichts ist überflüssig, das Ganze steht sozusagen auf der Habenseite. Mag es auch noch so kurz sein, es reicht mehr als genug, und wenn der letzte Tag kommt, so wird der Weise ohne zu zögern festen Schrittes in den Tod gehen.

12. Du willst nun wohl genau wissen, welche Leute ich denn zu den Vielbeschäftigten rechne. Glaube ja nicht, ich

meine damit nur diejenigen, auf die man bei Torschluss erst die Hunde loslassen muss, damit sie die Börsenhallen verlassen,[16] solche, die du entweder in ihrer eigenen Klientenschar vor Zuvorkommenheit fast erdrückt oder in der Anhängerschaft anderer verächtlich herumgeschubst siehst. Dann diejenigen, denen ihre Verhältnisse über den Kopf gewachsen sind, so dass sie ihre Häuser verlassen und an fremde Türen klopfen müssen, und solche, die ihre unsauberen Geschäfte mit bisweilen ruinösem Ausgang dorthin treiben, wo die Lanze des Prätors zur Zwangsversteigerung aufgesteckt ist. Bei manchen Menschen ist selbst die Ruhe voller Geschäftigkeit: Auf ihrem Landgut oder auf ihrem Ruhebett, mitten in der Einsamkeit, obwohl sie sich von allem zurückgezogen haben, fallen sie sich selbst zur Last. Man kann nicht sagen, sie lebten in Muße, es ist eher ein müßiges Beschäftigtsein. Meinst du denn, der lebt in Ruhe, der korinthische Bronzegefäße, die durch die Sammlerwut einiger weniger kostbar und teuer geworden sind,[17] mit peinlicher Sorgfalt restauriert und seinen Tag hauptsächlich mit rostigen Blechstückchen zubringt? Und der auf dem Sportplatz herumsitzt – es ist eine Schande: Wir leiden ja nicht nur an römischen Lastern – als eifriger Anhänger der jugendlichen Ringkämpfer? Der die Truppe seiner geölten Ringer nach Alter und Hautfarbe in Paare einteilt? Der die neuesten Stars unter den Athleten finanziert? Und weiter: Meinst du, die widmen ihr Leben der Muße, die stundenlang beim Friseur sitzen, während das ausgezupft wird, was ihnen in der vergangenen Nacht etwa nachgewachsen ist? Da wird über jedes einzelne Härchen ein Rat abgehalten, das in Unordnung geratene Haar wird wieder glatt gelegt oder das fehlende von hierher oder dorther in die Stirn gekämmt. Was für Zornausbrüche, wenn der Friseur ein wenig lässiger zu Werke ging, eben als frisiere er einen Mann! Was geraten sie in Weißglut, wenn etwas von ihrer Tolle abgeschnitten worden ist, wenn etwas nicht richtig liegt, wenn nicht alles wieder in Locken fällt! Das sind Leute, bei denen eher ihr Staat in Unordnung geraten darf als ihre Frisur! Es geht ihnen eher um ihren Hauptschmuck als um ihren Kopf. Lieber eine gute Frisur als ein gutes Ansehen! Was meinst du: Führen solche Leute ein Leben in Muße, die nur mit Kamm und Spiegel beschäftigt sind? Und was ist mit denen, die sich abmühen mit dem Komponieren, dem Anhören und Einüben von Liedern? Ihre Stimme, die die Natur in ihrem normalen Ton so schön und klar erklingen lässt, die verbiegen sie in albernem Ziergesang. Einige von ihnen trommeln ständig mit den Fingern: Sie schlagen den Takt zu einem Lied, das sie in Gedanken gerade komponieren. Und man hört sie leise vor sich hinsummen, auch wenn sie bei ernsten, ja oft sogar bei traurigen Anlässen dabei sind. Diese Leute haben doch keine Muße, sondern müßige Beschäftigung. Und erst ihre Gastmähler – die möchte ich wahrhaftig nicht zur Freizeit rechnen, wenn ich sehe, wie penibel sie ihr Silber ordnen, wie sorgfältig sie die Gewänder ihrer Lustknaben hochschürzen, wie gespannt sie sind, wie der Eber vom Koch kommt,[18] in welchem Tempo ihre glatt geschabten Jüngelchen auf das Signal hin zum Servieren losstürzen, mit welcher Raffinesse das Geflügel in ja nicht zu große Portionen zerlegt wird, wie beflissen die armen kleinen Bübchen das Erbrochene der Betrunkenen aufwischen. Aus derlei Dingen gewinnt man den Ruf der feinen Lebensart und des guten Geschmacks, und ihre Schwächen folgen ihnen bis in den letzten Winkel ihrer

Existenz, so dass sie nicht einmal essen und trinken können, ohne sich in Szene zu setzen. Auch von denen kann ich nicht behaupten, sie lebten in echter Muße, die sich im Tragsessel und in einer Sänfte hierhin und dorthin schleppen lassen und auf Pünktlichkeit bei ihren Gesundheitsausflügen achten, als ob sie von ihrem Stundenplan nicht abweichen dürften. Sie müssen sich jeweils von einem anderen daran erinnern lassen, wann sie zum Baden, zum Schwimmen oder zum Essen gehen müssen. So verzärtelt und erschlafft sind sie, dass sie von sich aus nicht mehr wissen, ob sie Hunger haben oder nicht. Von einem dieser Genießer – wenn man es überhaupt einen Genuss nennen kann, das normale Leben und die menschlichen Gewohnheiten verlernt zu haben – habe ich Folgendes gehört: Er wurde auf Händen aus dem Bad gehoben und in einen Sessel gesetzt, und da fragte er: »Sitze ich schon?« Dieser Mensch, der nicht einmal wusste, ob er sitzt – glaubst du, er weiß, ob er überhaupt lebt, ob er sieht, ob er Muße hat? Ich könnte schwerlich sagen, ob ich ihn mehr bedaure, wenn er das wirklich nicht gewusst hat oder wenn er nur so getan hat, als wüsste er es nicht. Bei vielen Dingen ist es ja wirklich Vergesslichkeit, bei vielem ist es aber auch nur gespielt; diese Leute gefallen sich geradezu in manchen Schwächen, die ihnen beweisen, wie glücklich sie sind. Das ist doch, meinen sie, ein völlig unbedeutender und verächtlicher Mensch, der von sich aus wissen muss, was er tut. Also jetzt glaub nur noch, die Komödianten würden arg übertreiben, wenn sie die Genusssucht anprangern! Sie übergehen wahrhaftig mehr, als sie erdichten, und die Menge unglaublicher Laster ist in unserem Zeitalter so angewachsen – allein darin ist es erfindungsreich –, dass wir es den Komödianten eher ankreiden können, sie würden vieles auslassen. Es gibt da also einen, der ein solcher »Lebemann« ist, dass er sich bei einem anderen vergewissern muss, ob er sitzt oder nicht! Das ist doch kein Mensch, der in Muße lebt, den muss man anders nennen: Krank ist er, nein, tot. In Muße lebt doch, wer auch ein Bewusstsein von seiner Muße hat. Dieser nur noch Halblebendige aber, der, um den Zustand seines Körpers wahrzunehmen, einen »Platzanweiser« braucht – wie kann der jemals Herr sein über einen Augenblick seiner Zeit?

13. Es würde zu weit gehen, jeden Einzelnen anzuführen, der sein Leben vertan hat mit Brett- und Ballspiel oder mit dem Ausdörren seines Körpers in der Sonnenhitze.[19] Die leben nicht in Muße, die sich ihre Vergnügungen viel Mühe kosten lassen. Kein Zweifel auch, dass diejenigen auf mühsame Weise nichts tun, die sich dem Studium unnützer Wissenschaften widmen.[20] Von denen gibt es auch bei den Römern schon eine ganze Menge. Das war geradezu eine Krankheit bei den Griechen: zu untersuchen, wie viel Ruderer Odysseus gehabt habe, ob die *Ilias* früher sei als die *Odyssee*, außerdem, ob beide vom gleichen Verfasser stammten. Und es gibt noch anderes von dieser Sorte; wenn du es bei dir behältst, verhilft es dir nicht zu innerer Erkenntnis, gibst du es aber weiter, wirkst du auf die Leute nicht als großer Gelehrter, du fällst ihnen eher auf die Nerven. Ja, auch die Römer hat die eitle Sucht befallen, überflüssiges Zeug zu lernen. Dieser Tage hörte ich einen Vortrag darüber, was jeder von den römischen Feldherrn jeweils als Erster getan habe. Als Erster hat Duilius in einer Seeschlacht gesiegt, Curius Dentatus hat als Erster in einem Triumphzug Elefanten mitgeführt.[21] Diese Dinge ha-

ben zwar mit echtem Ruhm nichts zu tun, es geht aber immerhin noch um Exempel von großen Taten unserer Mitbürger. Nutzen wird ein solches Wissen freilich nichts, doch fesselt es uns wenigstens durch den äußeren Glanz an sich belangloser Ereignisse. Denen, die es unbedingt wissen wollen, gestehen wir auch noch die Frage zu, wer die Römer als Erster dazu überredet hat, Schiffe zu besteigen. Es war ein Claudius, deswegen Caudex genannt, weil bei unseren Vorfahren ein Gefüge von mehreren Brettern *caudex* hieß. Danach werden die staatlichen Gesetzestafeln *codices* genannt, und die Schiffe, die den Tiber aufwärts Waren befördern, heißen nach alter Gewohnheit immer noch *codiciariae*. Es mag auch noch von Interesse sein, dass Valerius Corvinus als Erster Messana [Messina] besiegt hat und als Erster aus der Familie der Valerier, indem er den Namen einer eroberten Stadt auf sich übertrug, Messana genannt wurde. Und später hieß er Messala, weil sich in der volkstümlichen Aussprache nach und nach die Laute veränderten.[22] Soll sich aber einer noch damit beschäftigen: Lucius Sulla hat als Erster bei seinen Zirkusspielen die Löwen frei laufend präsentiert,[23] während sie sonst angekettet gezeigt wurden, und zwar deshalb, weil ihm vom König Bocchus von Mauretanien Schützen gesandt worden waren, die sie dann mit Wurfspießen erlegten? Mag sogar das noch hingehen – aber dass Pompeius zuerst einen Kampf von achtzehn Elefanten im Zirkus veranstaltete,[24] wobei zum Tod verurteilte Menschen wie in einem richtigen Gefecht gegen sie antreten mussten – ist das für irgendetwas gut, wenn man es weiß? Der erste Mann im Staat und unter den Großen der Vergangenheit der Überlieferung nach ausgesprochen gutherzig – der hielt es für eine denkwürdige Art von Schauspiel, Menschen auf eine ganz neue Weise ums Leben zu bringen! Sie kämpfen auf Leben und Tod? Zu wenig. Sie werden zerfleischt? Zu wenig. Von der ungeheuren Masse der Tiere sollen sie zertrampelt werden. Es wäre besser, wenn dergleichen in Vergessenheit geriete, damit nicht später ein Gewalthaber daraus lernt und diese ganz und gar unmenschliche Tat noch neidvoll übertreffen will. Ach wie sehr verdunkelt doch ein großes Glück unsern Verstand! Der da, Pompeius, sah sich damals als Herrn über die Natur, als er ganze Scharen von armen Menschen wilden Tieren vorwarf, die unter einem anderen Himmel geboren waren, als er einen Kampf zwischen so ungleichen Geschöpfen führen ließ, als er vor den Augen des römischen Volkes so viel Blut vergoss und das Volk bald zwingen sollte, selbst noch mehr zu vergießen. Aber derselbe Mann hat sich später von Alexandrias Treulosigkeit täuschen lassen und lieferte sich so der niedrigsten Kreatur aus, um ihn zu töten.[25] Da erst erkannte er die eitle Prahlerei mit seinem Beinamen Magnus – der Große.

Doch ich will wieder darauf zurückkommen, wovon ich abgeschweift bin, und am gleichen Thema die überflüssige Gründlichkeit mancher Leute darlegen. Der vorher erwähnte Gelehrte hat auch noch Folgendes berichtet: Metellus habe nach seinem Sieg über die Karthager in Sizilien als Einziger von allen Römern vor seinem Triumphwagen hundertzwanzig erbeutete Elefanten herführen lassen. Sulla habe als Letzter der Römer das Stadtgebiet erweitert, was bei den Vorfahren nie üblich war bei einem Landgewinn in der Provinz, sondern nur bei einem in Italien. Das zu wissen – nützt das mehr, als dass der Aventinhügel außerhalb der Stadtgrenze liegt? Dafür nannte der Vortragsredner zwei Gründe:[26] entweder weil das Volk dorthin ausgezogen sei oder weil bei den Auspizien des Remus[27] die Vögel diesem Ort nicht zugestimmt hätten. Und so weiter – zahlloses anderes Zeug, entweder völlig erlogen oder nicht weit davon. Denn auch zugegeben, die Leute erzählen das alles in gutem Glauben und verbürgen sich für die Wahrheit – wessen Irrtümer werden denn dadurch gemindert? Wessen böse Neigungen unterdrückt? Wen wird das tapferer, wen gerechter, wen anständiger machen? Unser Fabianus bekannte zuweilen, er sei im Zweifel, ob es nicht besser sei, erst gar keine Studien zu treiben, als sich in solche einzulassen.

14. Nur die allein leben in Muße, die ihre Zeit der Weisheit widmen: Sie allein leben. Sie hüten nämlich nicht nur ihre eigene Lebenszeit gut, sie fügen ihr auch noch jede Zeitepoche hinzu. Alle Jahre, die vor ihnen gelebt wurden, haben sie für sich gewonnen. Wenn wir nicht ganz und gar undankbar sind, dann sind doch all die berühmten Schöpfer des ehrwürdigsten Gedankenguts für uns geboren, haben uns den Weg zum rechten Leben gebahnt. Zum Edelsten und Schönsten, das durch die Mühe anderer aus der Finsternis ans Licht gebracht wurde, werden wir hingeführt. Kein Zeitalter ist uns verschlossen, zu allen haben wir Zutritt, und wenn wir hochgemut die Schranken menschlicher Schwäche überschreiten wollen, dann tut sich ein großer Zeitraum auf, den wir durchwandern können. Wir dürfen disputieren mit Sokrates[28], zweifeln mit Karneades, Ruhe finden mit Epikur, die menschliche Natur überwinden mit den Stoikern, mit den Kynikern sie hinter uns lassen. Da die Natur es uns gestattet, als Zeitgenosse in jede Epoche einzutreten, warum sollten wir uns da nicht

von unserer kurzlebigen Augenblicksexistenz weg und mit ganzer Seele dem zuwenden, was unermesslich, was ewig ist, was uns mit Besseren in Verbindung bringt? Und da gibt es welche, die von einem Pflichtbesuch zum andern rennen, die sich und andere um ihre Ruhe bringen. Selbst wenn sie bei ihrem verrückten Treiben nichts ausgelassen, ihren tagtäglichen Rundgang zu allen Türschwellen gemacht haben, an keiner offenen Türe vorbeigegangen sind, wenn sie in allen möglichen Häusern bei ihrer Aufwartung die Hand aufgehalten haben – wie wenige Leute konnten sie da antreffen, in einer so riesigen Stadt mit so vielerlei Zerstreuungen? Wie viele werden es sein, die ihren Besuch abweisen, da sie noch schlafen oder ihren Gelüsten frönen oder weil sie einfach unhöflich sind! Und wie viele, die sie erst quälend lange warten lassen und dann mit vorgespiegelter Eile an ihnen vorbeirennen! Wie viele vermeiden es überhaupt, durch das mit Klienten vollgestopfte Atrium zu gehen, sondern machen sich vielmehr durch ein Hintertürchen davon. Dabei ist es doch noch unfreundlicher, jemanden zu täuschen, als ihn abzuweisen. Und wie viele sind vom gestrigen Rausch noch schlaftrunken und benommen. Angesichts der bedauernswerten Leute, die ihren eigenen Schlaf abgebrochen haben, um zu warten, bis ein anderer ausgeschlafen hat, bringen sie kaum die Zähne auseinander. Und wenn man ihnen den Namen tausendmal zugeflüstert hat, antworten sie darauf mit einem verachtungsvollen Gähnen! Nur die widmen sich, so meinen wir, den rechten Verpflichtungen, die sozusagen täglich mit Zenon[29], mit Pythagoras, Demokrit und den übrigen Größen der Wissenschaft, wie Aristoteles und Theophrast, möglichst vertrauten Umgang haben wollen. Jeder von ihnen hat Zeit, jeder wird den, der zu ihm kommt, empfangen und ihn glücklicher und als einen noch besseren Freund seiner selbst entlassen. Keiner wird einen mit leeren Händen von sich weggehen lassen. Bei Nacht wie bei Tag kann jeder Mensch bei ihnen Zutritt finden.

15. Von ihnen wird niemand dich zwingen zu sterben, aber jeder wird es dich lehren. Keiner von ihnen wird dich deine Jahre kosten, nein, sie geben dir noch ihre hinzu. Keiner von ihnen wird dich in ein gefährliches Gespräch verwickeln, keine Freundschaft wird dich den Kopf kosten, keinem musst du kostspielige Ehren erweisen.[30] Du wirst von ihnen bekommen, was du nur willst. An ihnen wird es nicht liegen, wenn du nicht so viel davonträgst, wie du nur fassen kannst. Welches Glück, was für ein schönes Alter erwartet den, der sich in ihre Klientenschar begeben hat! Er wird Menschen um sich haben, mit denen er über die einfachsten wie über die schwierigsten Dinge nachdenken, die er täglich über sich selbst zu Rate ziehen kann, von denen er die Wahrheit ohne Beschämung, Lob ohne Schmeichelei hören und die er sich zum Vorbild nehmen kann. Wir sagen gewöhnlich, wir hätten nicht die Möglichkeit gehabt, uns unsere Eltern auszusuchen, da sie uns das Schicksal zugeteilt hat. Aber nach unserer eigenen Entscheidung aufzuwachsen, das steht uns frei. Es gibt Familien der edelsten Geister: Wähle aus, in welche du aufgenommen werden willst. Du wirst nicht nur dem Namen nach adoptiert, sondern auch Erbe ihrer Güter sein, und die wirst du nicht mit schmutzigem Geiz bewachen müssen: Sie werden umso größer werden, an je mehr Menschen du sie verteilst. Die Mitglieder deiner geistigen Familie werden dir den Weg zur Ewigkeit weisen und dich auf einen Platz erheben, von

dem niemand herabgestürzt werden kann. Das ist die einzige Möglichkeit, die Grenzen der Sterblichkeit zu erweitern, ja sie in Unsterblichkeit zu verwandeln. Ehrentitel, Denkmäler und was sonst die Ehrsucht durch Beschlüsse verordnet oder durch Bauwerke errichtet hat, das stürzt schnell wieder ein, alles zerstört und vernichtet die Länge der Zeit. Was aber die Weisheit geheiligt hat, das kann keinen Schaden erleiden. Kein Zeitalter wird es vernichten, keines mindern. Die folgende und auch jegliche noch ferne Zeit wird etwas zur Verehrung beitragen, denn der Neid zielt nur auf das Naheliegende, während wir das Fernere unvoreingenommen bewundern. Das Leben des Weisen erstreckt sich also über einen weiten Raum, ihn schließen nicht die gleichen Grenzen ein wie die anderen. Er allein ist frei von den Zwängen der menschlichen Natur. Alle Jahrhunderte dienen ihm wie einem Gott. Ist eine Zeit für ihn vergangen, dann hält er sie in der Erinnerung fest. Ist sie gegenwärtig, nutzt er sie. Wird sie kommen, dann nimmt er sie vorweg. Sein Leben wird dadurch lang, dass er alle Zeiten in eine einzige zusammenfasst.

16. Sehr kurz und sorgenreich ist dagegen die Lebenszeit derjenigen, die das Vergangene vergessen, das Gegenwärtige vernachlässigen, vor der Zukunft Angst haben. Wenn sie ans Ende gekommen sind, dann erkennen die Ärmsten zu spät, dass sie so lange beschäftigt waren, ohne doch wirklich etwas zu tun. Und wenn sie bisweilen selber den Tod herbeirufen, dann soll das für dich kein Beweis dafür sein, dass sie ein langes Leben führen. Ihr Unverstand quält sie mit vagen Empfindungen, die gerade auf das hintreiben, wovor sie sich ängstigen. Eben deswegen wünschen sie den Tod herbei, weil sie ihn fürchten. Auch darf

es dir nicht als Beweis dafür dienen, dass sie lange leben, wenn ihnen der Tag oft lang wird und sie sich beklagen, die Stunden schlichen nur so dahin, bis endlich die festgesetzte Zeit zum Essen kommt. Wenn ihnen nämlich einmal die Beschäftigungen ausgegangen und sie ihrer Muße überlassen sind, dann fühlen sie sich verdrießlich und wissen nicht, was sie mit ihr anfangen sollen, um sie herumzubringen. Daher verlangen sie nach irgendeiner Beschäftigung, und die ganze Zeit dazwischen ist ihnen lästig. Ja, es ist wahrhaftig gerade so, wie wenn der Tag für Gladiatorenkämpfe angesetzt ist oder wenn sie den Termin für irgendein anderes Schauspiel oder ein Vergnügen erwarten: Dann wollen sie die Tage dazwischen am liebsten überspringen. Wird etwas Ersehntes hinausgeschoben, erscheint die Zeit lang, während sie bei unseren Lieblingsbeschäftigungen kurz ist und rasch vergeht. Aber diese Leute machen sich die Zeit durch ihre eigene Schuld noch viel kürzer. Sie flüchten nämlich von einer Sache zur anderen und können es nicht bei einem einzigen Vergnügen aushalten. Ihnen sind die Tage nicht lang, sondern geradezu verhasst. Wie kurz erscheinen ihnen dagegen die Nächte, die sie in den Armen von Dirnen oder beim Wein hinbringen! Dazu gehört auch der Wahnsinn der Dichter, die mit ihren Fabeleien die menschlichen Verirrungen noch nähren: Ihnen zufolge hat Jupiter, von der Lust am Beischlaf verführt, die Nacht doppelt so lang gemacht.[31] Das heißt doch nichts anderes, als unsere Laster noch zu schüren, wenn man die Götter als deren Anstifter hinstellt und unseren krankhaften Verirrungen durch göttliches Beispiel einen Freibrief ausstellt! Könnten ihnen die Nächte nicht deshalb so kurz vorkommen, weil sie sie so teuer erkaufen? Den Tag verlieren sie in Erwartung der Nacht, die Nacht aus Furcht vor dem Tageslicht.

17. Selbst bei ihren Vergnügungen werden sie von Furcht und vielerlei Schrecknissen in Unruhe versetzt, und im höchsten Freudentaumel beschleicht sie der sorgenvolle Gedanke: »Wie lange geht das noch?« Aus dieser Stimmung heraus haben Könige Tränen vergossen über ihre Macht. Sie konnten sich nicht an der Größe ihres Glückes freuen, vielmehr hat sie das irgendwann einmal bevorstehende Ende in Schrecken versetzt. Der hochmütige Perserkönig [Xerxes] hatte sein Heer in den weiten Räumen einer Ebene ausgebreitet, wo er nicht dessen Zahl, sondern nur den Umfang abschätzen konnte, und da vergoss er Tränen, weil in hundert Jahren von so viel jungen Menschen keiner mehr am Leben sein werde.[32] Dabei war doch er selbst, der da um sie weinte, gerade dabei, ihnen dieses Verhängnis zu bereiten, indem er sie, sei es auf dem Meer, zu Lande, in der Schlacht oder auf der Flucht, zugrunde gehen ließ – in kurzer Zeit würde er die vernichten, um die er auf hundert Jahre hinaus jammerte. Ja sind nicht selbst die Freuden dieser Menschen voller Ängste? Sie ruhen auf keinem festen Grund; die innere Haltlosigkeit, aus der sie hervorgehen, bringt Erschütterungen hervor. Was müssen das aber erst für Zeiten sein, was meinst du, die schon nach ihrem eigenen Eingeständnis unglücklich sind! Dabei ist doch schon der Zeitraum, in dem sie sich ihrer Erfolge rühmen und sich weit über andere Menschen erhaben dünken, durchaus kein reines Glück. Je größer das Gut, desto größer die Sorge, und gerade dem höchsten Glück kann man am wenigsten trauen. Um sein Glück zu erhalten, braucht man wieder Glück, und für die Gelübde, die sich erfüllt haben, muss

man neue Gelübde tun. Denn alles, was der Zufall bringt, ist unbeständig; je höher sich etwas erhebt, desto mehr ist es dem Fall ausgesetzt. Was aber vom Fall bedroht ist, daran kann man keine echte Freude haben. Nicht nur recht kurz, sondern recht elend muss also das Leben solcher Menschen sein, die sich mit großer Mühe das erwerben, was sie nur mit noch größerer Mühe in ihrem Besitz halten können. Unter Anstrengungen erreichen sie, was sie wollen, ängstlich halten sie fest, was sie erreicht haben. Inzwischen aber rechnen sie nicht mit der Zeit, die niemals wiederkehren wird. Neue Beschäftigungen treten an die Stelle der früheren, eine Hoffnung weckt die andere, ein ehrgeiziges Bestreben löst das andere ab. Man will dem Übel kein Ende machen, nur das Objekt ändert sich. Unsere Ehrenämter waren uns zur Plage geworden – noch mehr Zeit nehmen uns nun fremde weg. Als Amtsbewerber treten wir nicht mehr auf – als Wahlhelfer für andere fangen wir wieder von vorne an. Die Bürde des Anklägers haben wir niedergelegt, dafür haben wir das Richteramt auf uns genommen. Richter zu sein, das hat einer aufgegeben, nun ist er Vorsitzender der Untersuchungskommission. Mit bezahlter Verwaltung fremden Besitzes ist einer alt geworden, nun wird er durch sein eigenes Vermögen in Anspruch genommen. Marius hat die Soldatenstiefel ausgezogen – jetzt macht er Dienst als Konsul.[33] Quinctius [Cincinnatus] beeilt sich, seine Amtszeit als Dictator hinter sich zu bringen – man wird ihn vom Pflug weg wieder zurückholen. Noch gar nicht reif für solch eine Riesenaufgabe wird Scipio gegen die Karthager ziehen – Scipio: er, der Sieger über Hannibal, Sieger über König Antiochos, das Glanzstück seines eigenen Konsulats, Bürge für das seines Bruders.[34] Wenn er nicht von sich aus Einhalt geböte, würde sein Standbild neben dem Jupiters aufgestellt. Aber ihn, den Retter des Vaterlandes, werden Unruhen in der Bürgerschaft in Bedrängnis bringen, und nachdem er als junger Mann göttergleiche Ehren verschmäht hatte, wird ihm im Alter nur noch die Freude bleiben, voller Trotz und Eigensinn ins Exil zu gehen. Nie wird es an Gründen fehlen, sich Sorgen zu machen, ob im Glück oder im Unglück. Von einer Belastung zur andern stößt dich das Leben, die Muße wird man niemals genießen, sie bleibt immer ein Wunschtraum.

18. Trenne dich also von der großen Masse, mein lieber Paulinus,[35] und ziehe dich endlich in einen ruhigeren Hafen zurück – du bist ja für deine Jahre schon über Gebühr umgetrieben worden! Bedenke doch nur, wie vielen Fluten du schon ausgesetzt warst, wie viele Stürme du im Privatleben ausgehalten, wie viele du in der Öffentlichkeit auf dich gezogen hast. In mühevoller und rastloser Tätigkeit hast du schon genügend Beweise deiner Tüchtigkeit gegeben. Mach nun die Probe darauf, was sie in der Muße leistet. Den größeren Teil deines Lebens, gewiss den besseren, hast du dem Staat gewidmet: Etwas von deiner Zeit nimm nun auch für dich! Ich rufe dich ja nicht zu träger, tatenloser Ruhe auf: Du sollst nicht alles, was an lebendiger Energie in dir steckt, untergehen lassen im Schlaf und in Genüssen, wie die Masse sie liebt. Das heißt ja nicht: »zur Ruhe kommen«. Du wirst vielmehr Größeres finden als all deine bisher so tatkräftig erfüllten Aufgaben, und damit wirst du dich in sicherer Zurückgezogenheit beschäftigen. Du führst freilich die Rechnungsbücher des Weltreiches so uneigennützig wie die von Fremden, so sorgfältig wie deine eigenen, so gewissenhaft, als lägen sie öffentlich zur

Prüfung aus. Du gewinnst dir Beliebtheit in einem Amt, in dem es doch schwer ist, Anfeindung zu vermeiden, aber dennoch, glaub mir, ist es besser, über sein eigenes Leben Rechenschaft ablegen zu können als über die staatliche Getreideversorgung. Deine Geisteskraft, in höchstem Maße befähigt für hohe Aufgaben – rufe sie nun zurück von einem Amt, das zwar ehrenvoll ist, aber nicht ausreicht, um ein glückliches Leben zu führen. Und bedenke: Du hast nicht deshalb von frühester Jugend an das Studium sämtlicher Wissenschaften betrieben, damit man dir dann viele tausend Scheffel Getreide unbesorgt anvertrauen kann. Einen anderen Höhenflug des Geistes konnte man von dir erwarten. An Männern, die gründlich wirtschaften und sich mit Arbeitseifer einsetzen, wird es nicht fehlen. Viel geeigneter für den Transport von Lasten sind doch träge Zugtiere als stolze Pferde – wer hat die edlen Renner jemals mit schwerem Gepäck belastet? Bedenke außerdem, wie viel Sorgen und Unruhe es mit sich bringt, wenn du dich weiterhin einer so großen Belastung aussetzt: Mit dem Magen der Menschen hast du es zu tun. Leute, die hungern, hören auf kein vernünftiges Argument, lassen sich durch kein annehmbares Angebot besänftigen oder durch Bitten bewegen. Eben erst, eben innerhalb der wenigen Tage, als C. Caesar [Kaiser Caligula] umkam – wenn es in der Unterwelt noch so etwas wie ein Bewusstsein gibt, dann ärgert er sich maßlos darüber, dass er abtreten musste, während das römische Volk am Leben blieb – damals waren kaum noch für sieben oder acht Tage Lebensmittel vorrätig! Während er Schiffsbrücken baute[36] und die Staatsfinanzen ruinierte, war das eingetreten, was selbst für Belagerte das schlimmste Übel ist: Nahrungsmittelmangel.

Untergang fast und Hungersnot, und was auf Hunger folgt, ein allgemeiner Zusammenbruch – das war der Preis dafür, dass Caligula den fremden König [Xerxes] nachahmen wollte, mit seinen wahnwitzigen, hochfliegenden und fatalen Unternehmungen! Wie war damals den Verantwortlichen für die staatliche Getreideversorgung zumute, als sie sich Steinwürfen, Schwertern, Feuerbränden, ja Caligula selbst gegenübersahen? Mit größter Verstellungskunst verbargen sie die schlimmen Missstände im Innern, und zwar aus gutem Grund. Manche Leiden müssen nämlich ohne Wissen des Patienten behandelt werden. Für viele war es ja die Ursache für ihren Tod, dass sie über ihre Krankheit Bescheid wussten.

19. Zieh dich auf das zurück, was ruhiger, sicherer und wichtiger ist! Meinst du, da sei doch wenig Unterschied, ob du dafür sorgst, dass das Getreide ohne Schädigung durch Betrügerei oder Nachlässigkeit der Lieferanten in die Magazine kommt, dass es nicht Feuchtigkeit zieht, verdirbt und auskeimt, dass Maß und Gewicht stimmen – oder ob du an diese heiligen und erhabenen Themen herangehst, um Folgendes zu erfahren:[37] Aus welcher Substanz besteht die Gottheit, wie ist ihre Willensentscheidung, ihr Zustand, ihre Gestalt, welches Schicksal erwartet deine Seele und wohin versetzt uns die Natur, wenn wir vom Körper befreit sind? Welches Prinzip hält in unserem Weltall die schwersten Körper in der Mitte, lässt darüber das Leichte schweben und das Feuer ganz nach oben steigen und bewegt die Gestirne auf ihren wechselnden Bahnen, und was es sonst noch an unermesslich Wunderbarem gibt. Willst du dich nicht von der Erde erheben und mit dem Auge deines Geistes dorthin blicken? Jetzt, solange das Blut noch

warm und die Kräfte noch frisch sind, muss man sich auf den Weg zum Besseren machen. Es erwartet dich in diesem Lebensbereich eine Fülle von Erkenntnissen aus den Wissenschaften, Liebe zu den höchsten Tugenden und Übung in ihnen, Vergessen der Leidenschaften, das Wissen um Leben und Sterben, tiefe Seelenruhe.

All die Vielgeschäftigen befinden sich demgegenüber in einer traurigen Lage, am traurigsten aber sieht es für diejenigen aus, die sich nicht einmal mit ihren eigenen Geschäften herumplagen, die ihren Schlaf nach dem eines anderen, ihre Tritte nach dem Schritt eines anderen richten und sich sogar das Lieben und Hassen, die allerfreiesten menschlichen Regungen, befehlen lassen müssen. Wenn sie wissen wollen, wie kurz ihr eigenes Leben ist, dann sollten sie bedenken, welch ein kleiner Teil davon ihnen nur gehört.

20. Wenn du also siehst, wie einer immer wieder die Amtstracht anlegt, seinen Namen auf dem Forum feiern lässt, dann beneide ihn nicht: Dergleichen geht auf Kosten des Lebens. Damit ein einziges Jahr nach ihnen gezählt wird, opfern sie alle ihre Jahre auf.[38] Manche hatten sich noch nicht zum Gipfel ihres Ehrgeizes emporgearbeitet und mühten sich noch auf den ersten Stufen ab – da verließ sie das Leben. Manchen, die sich durch tausend Würdelosigkeiten zur höchsten Würde hinaufgekämpft hatten, kam auf einmal der triste Gedanke, sie hätten sich nur für ihre Grabschrift abgemüht. Manche hat, während sie im hohen Alter noch wie in der Jugend neue hoffnungsvolle Pläne machten, mitten in ihren großen und übertriebenen Unternehmungen die Kraft verlassen. Ein schmähliches Bild gibt einer ab, der im hohen Alter noch einen Prozess führt für Leute, die ihn gar nichts angehen, und nach dem

Beifall einer unverständigen Menge hascht, wobei ihm dann der Atem endgültig ausgeht. Beschämend wirkt auch, wer, vom Leben eher als von der Arbeit erschöpft, mitten in seinen Amtsgeschäften zusammengebrochen ist, und ein blamables Bild bietet derjenige, der sich auf dem Sterbebett noch Rechnungen vorlegen ließ und dann von seinem Erben, den er lange hingehalten hatte, ausgelacht wurde! Ein Beispiel, das mir gerade in den Sinn kommt, kann ich nicht übergehen: Sextius Turannius[39] war ein alter Mann von höchster Gewissenhaftigkeit. Als er nach Vollendung seines neunzigsten Lebensjahres von Kaiser Caligula aus seinem Amt als Verwalter der Getreideversorgung entlassen wurde, ohne dass er um seinen Abschied ersucht hatte, da ließ er sich aufbahren und von der umstehenden Dienerschaft wie einen Toten beklagen. Das ganze Haus bejammerte den Ruhestand seines greisen Herrn und beendete die Trauer erst, als ihm sein anstrengendes Amt zurückgegeben worden war. Macht es wirklich so viel Freude, bis in den Tod hinein tätig zu sein? So denken aber recht viele: Ihr Verlangen nach Tätigkeit reicht weiter als ihre Kraft. Sie kämpfen gegen ihre körperliche Schwäche, und das Alter selbst sehen sie nur deshalb als drückende Last an, weil es sie beiseitestellt. Dem Gesetz nach wird keiner ab dem fünfzigsten Lebensjahr mehr zum Wehrdienst eingezogen, vom sechzigsten an wird niemand mehr in den Senat berufen: Schwerer aber erreichen die Menschen von sich selbst den Ruhestand als vom Gesetz. Während sie aber selbst hin und her gedrängt werden und andere wegdrängen, während einer dem andern die Ruhe stört, erst der eine, dann der andere elend ist, bleibt ihr Leben ohne Gewinn, ohne Freude, ohne irgendeine Art geistigen

Wachstums. Keiner stellt sich den Tod vor Augen, jeder richtet seine Hoffnung auf eine ferne Zukunft. Manche treffen sogar noch Anordnungen über ihr Leben hinaus: mächtige Grabanlagen, Stiftungen für öffentliche Bauten, Gladiatorenkämpfe am Scheiterhaufen, Beisetzungen mit allem Prunk. Aber wahrhaftig – solche Menschen sollten beigesetzt werden, als ob sie nur ganz kurz gelebt hätten, bei Fackelschein und Kerzenlicht [wie bei Kinderbegräbnissen].

Von der Ruhe des Gemüts

(*De tranquillitate animi*)

(Serenus an Seneca)

1. Wenn ich daran ging, mein Inneres zu erforschen, lieber Seneca, fand ich bei mir mancherlei offenkundige und sozusagen handgreifliche Fehler, daneben aber auch manche verborgenen, versteckten, solche, die sich nicht immer zeigen, sondern nur zeitweise wiederkehren. Diese möchte ich gerade die lästigsten nennen; sie gleichen feindlichen umherschweifenden Horden, die anstürmen, wo die Gelegenheit günstig ist, und bei denen weder das eine noch das andere möglich ist: Weder kann man wie im Krieg ständig gegen sie gewappnet sein noch kann man sich wie im Frieden sicher fühlen. Das ist mein Zustand, den ich hauptsächlich beklage – ich will offen zu dir reden wie zu einem Arzt –: Von dem, was ich fürchtete und hasste, bin ich nicht so völlig frei, dass ich ruhig sein könnte, bin aber wiederum auch nicht gänzlich darin gefangen. Nicht gerade in ganz schlimmer, aber doch in sehr beklagenswerter und verdrießlicher Verfassung befinde ich mich: Ich bin nicht krank und nicht recht gesund.

Sage nicht, bei allem Vortrefflichen sei der Anfang schwach, mit der Zeit erst erstarkt man und wird fester. Wohl weiß ich, dass alles, bei dem es um den äußeren Glanz geht, die Würde eines Amtes, meine ich, der Ruhm eines Redners, und alles, was vom Urteil der Leute abhängt, allmählich erst zunimmt und dass sowohl was wirklichen Gehalt hat, als auch das, was nur durch den Schein besticht, Jahre braucht, bis es endlich Farbe hält. Doch fürchte ich gerade, dass die Gewohnheit, die alles fester einwurzeln lässt, auch diese meine Schwäche nur noch stärker ausbildet. Lange Vertrautheit macht uns zuletzt das Böse und das Gute gleich lieb. Diese mangelnde Festigkeit meines zwischen beiden Seiten hin und her schwankenden Wesens, das weder dem Rechten noch dem Verkehrten entschieden zuneigt, das kann ich dir nicht in einem Gesamtbild zeigen, sondern nur in einzelnen Zügen. Ich will dir sagen, wo es mir fehlt, gib du der Krankheit den Namen.

Ich habe eine große Neigung zur Sparsamkeit, das gestehe ich; ein pompös eingerichtetes Schlafgemach gefällt mir nicht, auch nicht ein erst aus dem Schrank hervorgeholtes Gewand, das mit tausend Gewichten oder Plätteisen beschwert wird, die es glatt und glänzend machen sollen, ich habe lieber ein einfaches Hauskleid, das ich nicht ängstlich schonen oder umständlich anlegen muss. Mir gefällt ein Essen, das nicht ein Heer von Dienern beschafft und begafft, nicht tagelang zuvor bestellt und von tausend Händen serviert, sondern leicht zu beschaffen und einfach zuzubereiten, ohne teure, von weither geholte Zutaten, etwas, das man überall bekommen kann, das weder die Kasse noch den Körper anstrengt und nicht wieder da hinausgeht, wo es hineingegangen ist. Mein Diener soll ein einfacher, gewöhnlicher Sklave sein; massives Silber liebe ich, wie mein Vater es auf dem Land hatte, ohne Verzierungen und Namen des Künstlers; einen Tisch, der nicht auffällt durch seine reiche Maserung, auch nicht bekannt ist in der ganzen Stadt durch die Anzahl vornehmer Herrschaften, die ihn der Reihe nach besaßen, sondern zum Gebrauch bestimmt und so beschaffen, dass kein Gast ihn allzu wohlgefällig betrachtet und dadurch neidisch wird. Obwohl ich es nun gerne so einfach wie möglich hätte, blendet mich doch eine Schar livrierter Pagen, eine Dienerschaft, mit Gold geschmückt und kostbarer gekleidet als bei einer Prozession, sowie ein Schwarm von aufgeputzten Sklaven. Ferner ein Haus, prachtvoll wo man hintritt, wo Reichtümer in allen Ecken zu finden sind und dessen Dach sogar glänzen muss, dazu eine Masse von Schmarotzern, die das dahinschwindende Erbgut ständig umlagert. Dann das bis auf den Grund kristallklare Wasser, das während des Mahles im Saale fließt, die Gerichte, die solcher Umgebung entsprechen! Es umflutet mich, wenn ich aus meiner gewohnten einfachen Umgebung komme, ein glänzender Luxus und umtönt mich von allen Seiten. Es verschwimmt mir alles vor den Augen, und leichter wappne ich mich dagegen mit meiner Geisteskraft als mit meinen Blicken. Ich ziehe mich wieder zurück, schlechter nicht, aber missmutig; ich gehe nicht mehr so stolz in meiner ärmlichen Umgebung einher; heimlich nagt es an mir, und es packt mich der Zweifel, ob denn das dort nicht doch das Bessere sei. All dieses Zeug ändert meine Gesinnung nicht, aber es macht eben doch Eindruck auf mich.

Ich meine, ich müsse der Autorität derer folgen, die mir raten, mich in Staatsgeschäfte zu stürzen, Ehrenstellen und Ehrenzeichen der Amtsgewalt zu suchen, nicht so sehr um des Purpurs und des Abzeichens der Würde wegen, sondern um meinen Freunden und Verwandten, allen Mitbürgern und schließlich allen Menschen dienstbereiter und nützlicher zu sein. Bereitwillig, wenn auch unerfahren, folge ich dem Zenon, Kleanthes, Chrysipp[40], die sich alle nicht in Staatsgeschäfte einließen, obwohl sie andere dazu aufriefen. Doch sobald mein Gemüt, das an Erschütterungen nicht gewöhnt ist, aus dem Gleichgewicht gebracht wird, sobald mir etwas begegnet ist, was meiner unwürdig ist, wie das ja in jedem Menschenleben oft genug vorkommt, oder mir etwas nicht leicht von der Hand geht, oder wenn geringfügige Dinge zu viel Zeit in Anspruch nehmen, dann trete ich wieder zurück ins geschäftslose Leben, und wie das Herdenvieh, selbst wenn es ermüdet ist, so nehme auch ich raschen Schrittes den Weg nach Hause. Ich beschränke mich wieder mit Freuden auf meine vier Wände. Niemand darf mir da auch nur einen Tag rauben; es kann mir ja doch niemand etwas geben, was solchen Verlust ausgliche. In sich selbst soll mein Geist sich versenken, sich selbst soll er bilden, nichts außerhalb seiner selbst betreibe er, nichts, was vom Urteil anderer abhängig ist; willkommen sei mir die Ruhe, die von Sorgen in Staats- und Privatangelegenheiten nichts wissen will.

Habe ich dann wieder etwas Erhebendes gelesen, haben edle Beispiele mich angespornt, so möchte ich auf das Forum eilen, dem einen meine Fürsprache anbieten, dem andern meinen Dienst, der wenigstens versuchen will zu nützen, wenn er auch nicht viel ausrichtet; oder ich möchte einen Übermütigen öffentlich demütigen, den das Glück dummstolz gemacht hat. – Was die Studien betrifft, so bin ich wahrhaftig der Ansicht, man müsse jeweils die Sache im Auge behalten und so reden, dass die uneinstudierte Rede dem Sachverhalt entspricht. Wozu, sage ich mir, Reden ausarbeiten, die auf Jahrhunderte berechnet sind? Begehrst du denn, dass die Nachwelt von dir redet? Du bist geboren, um zu sterben; bei einem stillen Leichenbegängnis gibt es nicht viele Umstände. Schreibe daher, um Zeit zu gewinnen, nur zu deinem Nutzen, nicht des Ruhmes wegen, in einfachem Stil; wer nicht für die Zukunft schreiben will, braucht sich nicht so viel Mühe zu geben. – Habe ich mich aber im Höhenflug der Gedanken erhoben, dann nehme ich es genauer mit den Worten und trachte danach, im Ausdruck wie in den Gedanken einen höheren Schwung zu nehmen, so dass das Wort der Würde des Gegenstandes entspricht; ohne an die Regel über den knappen Stil zu denken, nehme ich einen höheren Flug, und es ist dann nicht mehr meine eigene Sprache.

Ich will nicht weiter ins Einzelne gehen: Überall verfolgt mich der Mangel an Festigkeit bei allem guten Willen, und es ist zu befürchten, dass ich diesen allmählich ganz verliere oder wie einer, der jeden Augenblick fallen will, immer in der Schwebe bleibe, und es könnte dann vielleicht noch etwas Schlimmeres geschehen, als ich es überschauen kann. Unser eigenes Wesen sehen wir ja immer allzu günstig an, und die Eigenliebe besticht das unbefangene Urteil. Viele, meine ich, hätten zur Weisheit gelangen können, wenn sie nicht geglaubt hätten, sie seien schon am Ziel, wenn sie nicht, unehrlich gegen sich selbst, sehenden Auges über manches hinweggegangen wären. Nicht so sehr fremder als vielmehr eigener Weihrauch ist uns verderblich. Wer hat es je gewagt, ganz wahr gegen sich selbst zu sein? Wer hätte nicht inmitten ganzer Scharen von Lobhudlern und Liebedienern sich selbst am meisten geschmeichelt?

Wenn du nun ein Mittel kennst, diesem meinem Schwanken ein Ende zu machen, so bitte ich dich, halte mich für wert, dir meine Ruhe zu verdanken. Wohl weiß ich, dass diese inneren Schwankungen nicht gefährlich sind, dass sie keine bedrohlichen Zustände hervorrufen; darf ich ein, wie mir scheint, passendes Bild von dem Zustand gebrauchen, der mich quält, so möchte ich sagen: Nicht der Sturm setzt mir zu, sondern die Seekrankheit. Entreiße mich nun diesem immerhin schlimmen Zustand und hilf mir, der ich in Not bin, obwohl ich das Land in Sicht habe!

(Seneca an Serenus)

2. Lieber Serenus! Ich denke wahrhaftig schon lange im Stillen darüber nach, womit ich deinen Zustand vergleichen könnte; und ich wüsste kein passenderes Beispiel als einen Menschen, der, von einer langen und schweren Krankheit genesen, noch zuweilen von einzelnen Störungen und leichten Anfällen ergriffen wird. Und wenn er auch über diese Nachwehen schon hinweg ist, so ist er doch noch besorgt und beunruhigt und, obwohl genesen, lässt er sich noch von den Ärzten den Puls fühlen und findet jede Wärme des Körpers verdächtig. Bei diesen Leuten, mein Serenus, ist der Leib nicht etwa noch nicht gesund, sondern er ist an die Gesundheit noch nicht völlig gewöhnt, so wie das Meer immer noch bewegt ist, wenn auch der Sturm schon schweigt. Du brauchst daher nicht diese stärkeren Mittel, die wir schon durchgegangen sind, dass du dir nämlich etwas versagst, über dich in Zorn gerätst, strenger gegen dich bist; es geht vielmehr darum, was sich freilich erst zuletzt einstellt: Du musst dir selbst vertrauen und glauben, dass du auf dem rechten Weg bist, unbeirrt durch die Fußstapfen anderer, die da kreuz und quer laufen und die den rechten Weg gerade verfehlen. Was du aber erstrebst, ist etwas recht Großes, Erhabenes, Gottgleiches: nicht aus

dem Gleichgewicht zu kommen. Diese Unerschütterlichkeit der Seele nennen die Griechen *Euthymia*, Wohlgemutheit, worüber Demokrit ein großartiges Buch geschrieben hat;[41] ich nenne sie *Gemütsruhe*. Wir brauchen ja nicht die griechischen Worte nachzubilden und wörtlich zu übersetzen; die Sache, um die es sich handelt, ist durch einen bestimmten Begriff zu bezeichnen, der den Sinn des griechischen Wortes wiedergibt, wenn er auch nicht die gleiche Form hat. Untersuchen wir also, wie man es dahin bringen kann, dass der Geist immer seinen gleichen günstigen Gang geht, mit sich selbst zufrieden ist und seinen eigenen Zustand mit Wohlgefallen betrachtet, und dass er bei dieser Freude keine Unterbrechung zulässt, sondern ständig gelassen bleibt, ohne dauerndes Auf und Ab. Das werden wir unter Gemütsruhe zu verstehen haben. Wie man dazu gelangen kann, das lass mich im Allgemeinen untersuchen, und aus diesem Heilmittel für alle nimm du dir dann dein Quantum. Diesen Übelstand müssen wir uns vorerst als Ganzes vor Augen stellen; daran wird dann jeder erkennen, was ihn angeht; zugleich wirst du daraus ersehen, dass für dich das Unbehagen an dir selbst nicht so schlimm ist wie für diejenigen, die, von einem großen Namen beschwert, eine glänzende Rolle zu spielen verpflichtet sind und die mehr aus Ehrgefühl als freiwillig in ihrer Unaufrichtigkeit sich selbst gegenüber verharren.

Alle befinden sich in der gleichen Lage, sowohl diejenigen, die ihre Oberflächlichkeit, der Überdruss und der fortwährende Wankelmut plagt und denen immer das besser gefällt, was sie gerade aufgegeben haben, ebenso wie die anderen, die träge und teilnahmslos dahindämmern. Ebendahin gehören auch diejenigen, denen es so geht wie einem, der nicht schlafen kann, sich immer im Bett herumwälzt, sich bald so bald anders hinlegt, bis er endlich vor lauter Ermattung zur Ruhe kommt: Diese Leute ändern immer wieder ihre Verhältnisse, bis sie schließlich dabei bleiben, nicht aus Überdruss am stetigen Wechsel, sondern weil sie das Alter für Neuerungen zu träge gemacht hat. Auch diejenigen sind hierherzurechnen, die nicht aus Charakterstärke beharrlich sind, sondern aus Trägheit. Sie leben nicht, wie sie wollen, sondern eben wie sie es von Anfang an gewöhnt sind. Es gibt unzählige Spielarten bei dieser Schwäche, die Wirkung ist aber immer dieselbe: Unzufriedenheit mit sich selbst. Diese kommt aus Mangel an Selbstbeherrschung, aus halbherzigen und fehlgeleiteten Wünschen, wobei man das, was man wünscht, gar nicht wagt oder es nicht durchsetzt. Solche Leute leben immer von der Hoffnung und sind stets wankelmütig und unbeständig, was notwendig der Fall ist, wenn man ständig im Schwanken ist. Die Erfüllung ihrer Wünsche suchen sie auf jedem Weg zu erreichen und halten sich oft mit aller Gewalt auch an üble und abwegige Dinge. War ihre Mühe ohne Erfolg, dann quält sie die vergebliche Selbsterniedrigung, und es ist ihnen leid, nicht dass sie etwas Schlechtes gewollt haben, sondern dass nichts dabei herausgekommen ist. Dann reut sie auch das ganze Unternehmen, und sie verlieren den Mut, etwas Neues anzufangen; es beschleicht sie jenes schwankende Gefühl, das keinen Ausweg sieht, weil es seinen Begierden weder gebieten noch gehorchen kann. Es kommt zur zaudernden Haltung eines Lebens, das sich zu wenig entfalten kann und zum Verkümmern eines unter vereitelten Wünschen erstarrenden Gemüts. Das wird noch ärger, wenn solche Menschen im

Verdruss über Misserfolge sich vom Leben und Treiben ganz in die Muße und zu einsamen Studien zurückziehen. Ein Mensch, der am öffentlichen Leben Freude hatte, der tätig und von Natur aus rührig ist, kann das nicht ertragen, weil er in sich selbst zu wenig Ausgleich findet. Wenn dann die Unterhaltung fehlt, die ein tätiges Leben für Rastlose mit sich brachte, ist einem solchen Menschen sein Haus und die Einsamkeit in seinen vier Wänden unerträglich, und sich selbst überlassen, ist er sich selbst zur Last.[42] So entsteht der Überdruss, die Unzufriedenheit mit sich selbst, das Schwanken einer ewig ruhelosen Seele, die ihre freie Zeit nur missvergnügt und verdrießlich hinnimmt. Man schämt sich, den Grund der Verstimmung einzugestehen, das Schamgefühl ist eine innerliche Folter, und die eingeschlossenen Leidenschaften, die sich nicht austoben können, würgen sich selbst ab. Daher der Gram und das Dahinsiechen, die tausenderlei Schwankungen eines unbeständigen Gemüts, das bei jedem hoffnungsvollen Unternehmen in Hochstimmung, bei jedem Misslingen völlig niedergeschmettert ist. Darum verwünschen sie ihre Muße und klagen, dass sie nichts zu tun haben, daher der bittere Neid, wenn andere emporkommen. Das unselige Nichtstun nährt nämlich die Missgunst; man wünscht, dass es mit allen abwärtsgeht, weil man sich selbst nicht hinaufschwingen konnte. In dieser Abneigung gegen das Emporkommen anderer und am eigenen Glück verzweifelnd, hadert man mit dem Geschick, klagt über den Zeitgeist, zieht sich in einen Winkel zurück, nagt an der Pein seiner Erfolglosigkeit und ist sich selbst zur Last und zum Ekel.

Die Menschenseele ist von Natur rührig und zur Tätigkeit geneigt; willkommen ist ihr jede Anregung und jeder

Anlass, aus sich selbst herauszugehen; noch willkommener ist dies gerade den minderwertigen Naturen, die sich gerne in Vielgeschäftigkeit aufreiben. Wie manche Geschwüre die Berührung und das Kratzen gern haben, wie die hässliche Krätze alles liebt, was reizt, so sind solchen Menschen, bei denen Begierden wie böse Geschwüre ausgebrochen sind, Geschäfte und Umtriebe ein Vergnügen. Es gibt ja manches, was dem Körper eine Art von quälendem Genuss bereitet, wie beispielsweise sich im Bett umzudrehen auf die noch nicht müde Seite und sich immer wieder anders hinzulegen. So macht es Achill bei Homer[43], wenn er sich bald auf die Brust, bald auf den Rücken legt und immer wieder eine andere Lage einnimmt. Das ist typisch für Kranke, die nichts lange aushalten können, als ob der Wechsel eine Arznei wäre. So macht man Reisen dahin und dorthin, durchwandert die Meeresküsten und versucht es bald zur See, bald zu Land, unstet und niemals befriedigt von dem, was man gerade hat. »Nun wollen wir nach Kampanien!« Bald ist diese liebliche Gegend langweilig: »Eine wilde Natur wollen wir sehen, die Waldgebirge von Bruttien und Lukanien durchwandern!« Etwas Angenehmes will man aber dann doch in der Wildnis finden, wo sich das verwöhnte Auge vom Anblick so weiter, öder Landstriche wieder erholen kann. »Und jetzt auf nach Tarent, mit seinem gepriesenen Hafen, ein Winteraufenthalt in milderem Klima, eine Gegend, die selbst für ihre einst so zahlreiche Bevölkerung genügend Unterkunft bot.« »Doch nun zurück nach Rom!« Schon allzu lange hat das Ohr den Lärm der Stadt und das Beifallklatschen nicht mehr gehört; man muss sich auch einmal wieder am Anblick von Menschenblut weiden! – Eine Reise um die andere wird unternommen, ein Schauspiel wechselt mit dem anderen, wie Lukrez sagt:[44]

Also flieht vor sich selbst beständig ein jeder.

Aber was hilft das Fliehen? Kann man sich selbst doch nicht entfliehen; das Ich geht überall mit hin, der lästige Begleiter. Nicht an den Orten liegt der Fehler, darüber müssen wir uns klar sein, sondern in uns selbst. Wir sind zu schwach zu jeglichem Ertragen; auf die Dauer können wir weder Anstrengung noch Genuss länger aushalten, weder uns selbst noch irgendetwas sonst. Das hat manche schon in den Tod getrieben; da sie nämlich ihre Vorsätze oft änderten und doch wieder auf das Gleiche zurückkamen und nichts Neues erreichten. So wurde ihnen schließlich ihr Leben und die ganze Welt zum Ekel; innerlich aufgezehrt von ihrem Genussleben stellten sie sich die Frage: Wie lange noch das ewige Einerlei?

3. Was für ein Mittel ich gegen solchen Lebensüberdruss vorschlage, fragst du. Das Beste scheint zu sein, wenn man sich, wie Athenodoros[45] rät, zu einem tätigen Leben hinwendet und sich mit Staatsangelegenheiten und bürgerlichen Pflichten befasst. Denn wie manche in der Sonnenhitze, in Abhärtung, Pflege und Übung des Körpers den Tag zubringen, wie es für Athleten ja das Beste ist, ihre Arme und ihre Kraft, die bei ihnen die Hauptsache ist, mit viel Zeitaufwand zu stärken, so wird es für uns, wenn wir uns in den Wettkampf politischer Angelegenheiten einlassen wollen, das Beste sein, uns immer in Tätigkeit zu erhalten. Hat sich einer einmal vorgenommen, seinen Mitbürgern und überhaupt der Menschheit nützlich zu sein, so übt er

sich und macht Fortschritte, wenn er sich recht in die Geschäfte hineinstürzt und öffentliche sowie private Angelegenheiten nach Kräften betreibt. Aber weil – so sagt Athenodoros – bei dem unsinnigen Ehrgeiz der Menschen, bei so viel Verleumdung, die das Rechte ins Schlechte verkehrt, deine Ehrlichkeit dir nicht groß nützt, immer mehr Hinderndes als Förderndes an dich herantritt, so ist es eben doch besser, sich vom Staatsleben und von öffentlichen Geschäften zurückzuziehen. Ein großer Geist kann seine Wirksamkeit ja auch im Privatleben entfalten. Es ist bei den Menschen nicht wie bei den Löwen und bei anderen Tieren, deren Kraftentfaltung durch einen Käfig gehemmt wird – ihre Wirksamkeit ist vielmehr oft am bedeutendsten im beschränkten Kreis. Man soll sich aber nur insoweit zurückziehen, dass man immer, auch in der Verborgenheit, sowohl Einzelnen als auch der Gesamtheit mit seiner Begabung, mit Worten und gutem Rat zu dienen bestrebt ist. Dem Staat nützt ja nicht nur, wer Leute empfiehlt, die sich um Ämter bewerben, oder wer Angeklagte in Schutz nimmt und seine Stimme über Krieg und Frieden abgibt, sondern auch, wer die Jugend begeistert, wer bei dem großen Mangel an tüchtigen Lehrern den Gemütern die Tugend einpflanzt, wer Leute, die dem Geld und dem Wohlleben nachjagen, ergreift und zurückhält oder, wenn er sonst nichts erreicht, sie wenigstens aufhält: Auch ein solcher wirkt für die Öffentlichkeit, selbst als Privatmann. Oder hat derjenige, der unter Fremden und Bürgern oder als Stadtprätor den Parteien Recht spricht, mehr Verdienst als derjenige, der lehrt, was Gerechtigkeit sei, was Frömmigkeit, was Geduld, was Tapferkeit, was Todesverachtung, was Gotteserkenntnis und was für ein noch dazu kostenloser Gewinn ein gutes Gewissen ist? Wenn du also deine Zeit, die du dem Staatsdienst entziehst, auf solche Studien verwendest, so hast du eigentlich kein Amt ausgeschlagen und dich keiner Pflicht entzogen. Nicht der allein ist Soldat, der in der Schlachtreihe steht und den rechten oder linken Flügel verteidigt, sondern auch derjenige, der die Stadttore schützt oder auf irgendeinem, zwar weniger gefährlichen, aber doch auch nicht geruhsamen Posten steht, Wachtdienst leistet oder das Waffenarsenal verwaltet. Auch solche Aufgaben zählen als Kriegsdienstjahre, obwohl dabei kein Blut fließt.

Wenn du dich zu den Wissenschaften zurückziehst, dann entgehst du allem Lebensüberdruss und wirst nicht aus Ekel am Tageslicht die Nacht herbeiwünschen. Du bist weder dir selbst zur Last noch überflüssig für andere; viele kannst du zu Freunden gewinnen, und gerade die Tüchtigsten werden dir zuströmen. Denn Tüchtigkeit bleibt nie verborgen, auch wenn sie sich in den Schatten zurückzieht; sie hat ihr Erkennungszeichen, die Würdigen finden ihre Spur.

Wenn man freilich allen Umgang mit den Menschen aufgibt und unter solchem Verzicht nur für sich lebt, dann kommt in dieser Einsamkeit ohne Zweck und Ziel das drückende Gefühl auf, man habe nichts zu tun. So fängt man an, hier zu bauen und dort einzureißen, das Meer einzudämmen, Wasserleitungen anzulegen allen Geländeschwierigkeiten zum Trotz, und schlecht hauszuhalten mit der Zeit, die uns die Natur gegeben hat, um sie zu nutzen. Die einen von uns gehen sparsam mit ihr um, die anderen verschwenderisch. Das eine Mal verwenden wir sie so, dass wir darüber Rechenschaft ablegen können, das andere Mal haben wir nichts aufzuweisen, und das ist am schlimmsten. Oft hat ein hochbetagter Mann keinen anderen Beweis für sein langes Leben als die Zahl seiner Jahre.

4. Mir kommt es so vor, mein lieber Serenus, als habe Athenodoros den Umständen allzu sehr nachgegeben und sich zu schnell zurückgezogen. Ich will nicht leugnen, dass man zuweilen auch zurückgehen muss, aber allmählich, Schritt für Schritt, so dass man seine Fahne rettet und seine Soldatenehre. Wer sich dem Feind ergibt mit der Waffe in der Hand, der kann besser und sicherer unterhandeln. So, meine ich, muss es die Tüchtigkeit machen und wer nach ihr strebt. Wenn das Schicksal seine Übermacht zeigt und uns die Gelegenheit zum Wirken nimmt, muss man nicht sogleich die Waffen wegwerfen und fliehen, einen Schlupfwinkel suchen, als ob es einen Ort gäbe, wohin das Schicksal uns nicht verfolgen könnte. Man muss sich vielmehr nur eingeschränkt in Geschäfte einlassen und mit sorgfältiger Auswahl etwas betreiben, womit man dem Staat nützen kann. Kann einer nicht als Soldat dienen, sehe er sich nach Ehrenämtern um. Soll er als Privatmann leben, so werde er Redner; ist ihm das Reden untersagt, stehe er stillschweigend den Mitbürgern bei; ist es für ihn sogar zu gefährlich, auf das Forum zu gehen, so sei er in den Häusern, bei Schauspielen, bei Gastmählern ein guter Kamerad, ein treuer Freund, ein maßvoller Gast. Hat er seine bürgerliche Wirksamkeit eingebüßt, so übe er die allgemein menschliche. Daher haben wir uns ja, großherzig wie wir sind, nicht in die Mauern einer einzigen Stadt eingeschlossen, sondern haben einen Weltverkehr eröffnet, uns für Weltbürger erklärt, um der Tüchtigkeit ein weiteres Feld zu eröffnen. Ist dir der Gerichtshof verschlossen, musst du der

Rednerbühne und den Wahlversammlungen fernbleiben, so schau hinter dich, welch weite Gegenden, wie viel Völkerschaften dir offen stehen; immer wird der Teil, der dir übrig bleibt, größer sein als der, der dir verschlossen ist. Aber überlege erst einmal, ob dies nicht ganz allein dein eigener Fehler ist. Du willst vielleicht nur als Konsul oder sonst in einem hohen Amt dem Staat dienen? Was, wenn du nur als Feldherr oder Oberst Kriegsdienste leisten wolltest? Wenn auch andere in der vordersten Reihe stehen und das Los dich ins dritte Glied gestellt hat, so diene da mit Wort, Ermunterung, Vorbild, Gesinnung. Auch mit abgehauenen Händen findet der tapfere Soldat noch ein Mittel, den Seinen zu nützen: Er hält dennoch stand und hilft durch seinen Kampfruf. Etwas der Art kannst du tun: Hat dich das Schicksal von der ersten Stelle im Staate verdrängt, dann steh nur fest auf deinem Posten und nütze durch Zuruf; drückt man dir die Kehle zu, bleib nur stehen und nütze stillschweigend. Das Tun eines rechtschaffenen Bürgers ist nie ganz vergeblich; man hört ihn, man schaut auf ihn; durch Miene und Wink, durch stummen Widerstand, ja durch seinen aufrechten Gang kann er nützen. Wie manche heilsamen Kräuter durch ihren Geruch wirken, ohne dass man sie einnimmt oder aufträgt, so verbreitet die Tüchtigkeit ihren Nutzen auch aus der Ferne und in der Verborgenheit. In jeder Lage kann der Tüchtige segensreich wirken, ob er sich frei bewegen und seine natürliche Wirksamkeit entfalten kann oder ob er, in seinem Tun beschränkt, die Segel einziehen, untätig und stumm sein muss, ob er einen engen Wirkungskreis hat oder einen weiten. Was hältst du das Beispiel eines Lebens in sinnvoller Ruhe für weniger nützlich?

Weitaus das Beste ist es daher, die Tätigkeit abwechseln zu lassen mit Muße, sooft ein tätiges Leben durch zufällige Hindernisse oder durch die Zustände im Staat behindert wird. Nie ist ja alles so ganz und gar abgeschnitten, dass ein ehrenhaftes Handeln völlig unmöglich wäre.

5. Kann man einen beklagenswerteren Staat finden als Athen damals, als die dreißig Tyrannen es zerfleischten? Dreizehnhundert der edelsten Bürger hatten sie ermordet, aber damit fand ihre Wut kein Ende, sondern steigerte sich nur noch mehr. In diesem Staat gab es den Areopag, den ehrwürdigsten Gerichtshof, einen Senat und eine dem Senat ähnliche Volksversammlung; und hier versammelte sich jeden Tag die grausige Henkerbande, und die unglückselige Kurie war zu eng für die Tyrannen. Konnte jener Staat geordnet heißen, in dem es so viel Tyrannen gab, wie diese Trabanten hatten?[46] Keinen Funken Hoffnung, die Freiheit wiederzuerlangen, konnte jemand hegen; keine Aussicht auf Abhilfe war vorhanden gegen eine so riesige Übermacht an Bösem, denn wo sollte der unglückliche Staat Männer genug herbekommen, wie Harmodios[47] es war? Und doch lebte damals inmitten dieses Staates ein Sokrates: Er tröstete die trauernden Väter, ermunterte diejenigen, die an der Wiederherstellung der Republik verzweifelten, gab den um ihre Schätze besorgten Reichen zu bedenken, dass sie ihre gefährliche Raffgier nun zu spät bereuten, und er war für jeden, der ihn nachahmen wollte, ein leuchtendes Beispiel, indem er allein unter dreißig Gewaltherrschern als freier Mann einherging. Diesen Mann hat dennoch ebendieses Athen im Kerker getötet; er hatte ungefährdet einer ganzen Schar von Tyrannen getrotzt: aber die Freiheit vermochte seine Freiheit nicht zu ertra-

gen; ein Beweis, wie auch in bedrängten Staatswesen ein weiser Mann Gelegenheit hat, sich auszuzeichnen, während in einem blühenden glücklichen Staat Grausamkeit, Neid und tausend andere Laster ohne Waffen die Herrschaft führen. Je nachdem also der Zustand des Staates oder das Geschick es gestatten, müssen wir unser Wirken entfalten oder einschränken, in jedem Fall aber werden wir uns rühren und nicht vor Furcht gelähmt tatenlos zusehen. Ja nur der ist ein rechter Mann, der, wenn ihn rings Gefahren bedrohen, Waffen und Ketten ihn umklirren, seine Tüchtigkeit nicht verloren gibt und sie nicht versteckt. Denn das heißt nicht sich retten, wenn man sich verkriecht. Curius Dentatus[48] war es wohl, der aussprach, er wolle lieber tot sein, als wie ein Toter leben. Das schlimmste Übel ist es, auszuscheiden aus der Schar der Lebendigen, schon ehe man stirbt. Gerät man aber in eine Zeit, in der sich wenig für den Staat tun lässt, dann muss man sich eben mehr der Muße und den Studien zuwenden. Gerade wie man bei gefahrvoller Seefahrt rechtzeitig in den Hafen einläuft, so muss man sich auch zur rechten Zeit von den Umständen losreißen und nicht zuwarten, bis man von den Umständen im Stich gelassen wird.

6. In erster Linie müssen wir achthaben auf uns selbst, dann auf die Aufgaben, an die wir gehen, endlich auf die Menschen, für die und mit denen wir zu tun haben. Vor allem ist es nötig, uns selber richtig einzuschätzen, denn oft meinen wir, mehr leisten zu können, als wir in Wirklichkeit imstande sind. Der eine kommt zu Fall, weil er sich für einen großen Redner hält; ein anderer mutet seinen Vermögensverhältnissen mehr zu, als sie vertragen können, ein Dritter richtet seinen schwachen Körper durch über-

mäßige Anstrengung zugrunde. Manche sind nicht geeignet für das öffentliche Leben, weil sie zu schüchtern sind, während man da eine eiserne Stirn haben muss; andere taugen nicht für das Leben am Hof, weil sie zu freimütig sind; manche können den Zorn nicht beherrschen und lassen sich im Unwillen zu unbesonnenen Worten hinreißen; andere können ihren Witz nicht zügeln und gefallen sich in gefährlichen Spötteleien. Für alle diese ist ein zurückgezogenes Dasein besser als das Leben in der Öffentlichkeit. Wer eine aufbrausende, unbeherrschte Natur hat, meide Situationen, wo sein Freimut ihm zum Schaden gereizt werden kann.

Du musst überlegen, ob du von Natur aus mehr zum tätigen Leben oder zu ruhigem Studium und stiller Betrachtung geeignet bist, dahin musst du dich wenden, wohin die Kraft deiner Begabung dich zieht. Isokrates führte den Ephoros[49] mit Gewalt von der Rednerbühne weg, weil er ihn für geeigneter hielt zum Verfassen von Geschichtswerken. Erzwungene Geistesarbeit ist wertlos; wenn die eigene Natur widerstrebt, ist die ganze Mühe umsonst.

Ferner muss man das abwägen, worauf man sich einlässt, und seine Kräfte vergleichen mit dem, was man unternehmen will. Die bewegende Kraft muss nämlich immer stärker sein als die Last; man unterliegt notwendigerweise, wenn die Last größer ist als die Tragkraft. Überdies sind manche Geschäfte nicht so sehr groß als vielmehr folgenreich, sie ziehen viele andere Arbeiten nach sich; solche Unternehmungen muss man meiden, aus denen neue und vielfältige Beanspruchungen entstehen. Auch darf man nichts anfangen, wovon man nicht wieder frei zurücktreten kann; nur da muss man Hand anlegen, wo man ein Ende machen oder wenigstens erhoffen kann. Was sich im Lauf der Arbeit ins Uferlose ausdehnt und nicht zum geplanten Ende kommen will, das lässt man lieber beiseite.

Besonders wichtig ist es, unter den Menschen eine Auswahl zu treffen und sich zu fragen, ob sie es wert sind, dass wir ihnen einen Teil unserer Lebenszeit aufopfern, ob unser Verlust an Zeit überhaupt bei ihnen ankommt. Manche tun ja gar, als ob unsere Gefälligkeiten für sie Dienste seien, die wir ihnen schulden. Athenodoros sagt, er gehe nicht einmal zum Essen zu einem Menschen, der das nicht für eine Ehre halte. Sicher wäre er noch weniger zu solchen gegangen, die die Liebesdienste ihrer Freunde durch eine Einladung abgelten wollen und die einzelnen Gänge als großherzige Spenden anrechnen, als ob sie sich nur anderen zu Ehren in solche Unkosten gestürzt hätten. Nimm ihnen Zeugen und Zuschauer, und ihre Küche wird ihnen keine Freude mehr machen, wenn sie allein dasitzen.

7. Nichts wird aber das Herz so sehr erfreuen wie treue, innige Freundschaft. Welch ein Schatz ist das Herz eines Freundes, das für uns da ist. Ihm können wir gefahrlos jedes Geheimnis anvertrauen, sein Mitwissen musst du weniger fürchten als dein eigenes, sein Wort lindert deinen Kummer, sein Rat fördert deine Pläne, seine Heiterkeit verscheucht deine Traurigkeit, sein Anblick allein heitert dich schon auf. Natürlich müssen wir, soweit es geht, solche Menschen zu Freunden wählen, die möglichst frei sind von Leidenschaften. Denn die Laster schleichen sich unbemerkt ein, springen auf den nächsten Besten über und schaden durch bloße Berührung. Wie man daher in Pestzeiten sich in Acht nehmen muss, sich nicht zu Leuten hinzusetzen, die schon angesteckt sind und in Krankheit fiebern, weil

wir da die Gefahr auf uns ziehen und durch den bloßen Anhauch krank werden können, so werden wir bei der Wahl der Freunde nur solche berücksichtigen, die möglichst wenig vom Bösen angesteckt sind. Die Krankheit fängt ja eben damit an, dass das Gesunde in allzu nahe Berührung mit dem Kranken kommt. Doch möchte ich dir damit nicht raten, du dürftest nur den wahrhaft Weisen zu deinem Freund machen, denn wo wolltest du den finden, den man schon seit Jahrhunderten sucht. Als Bester muss der am wenigsten Schlechte gelten. Du hättest kaum mehr Glück mit deiner Wahl, wenn du unter Leuten wie Platon und Xenophon und aus dem Nachwuchs der sokratischen Schule[50] die Besten auslesen solltest oder wenn du in Catos Zeitalter dich umsehen dürftest, da so viele lebten, wert, Catos Zeitgenossen zu sein, wo es aber auch die schlimmsten Leute gab, die die größten Verbrechen verübten. Leute von beider Sorte musste es geben, dass ein Cato[51] gewürdigt wurde; es mussten tüchtige da sein, bei denen er Anerkennung fand, und schlechte, an denen er seine Kraft erproben konnte. In der Gegenwart aber, wo die Tüchtigen dünn gesät sind, soll man nicht so wählerisch vorgehen. Ganz besonders muss man Sauertöpfe meiden, die über alles seufzen und denen alles und jedes ein Anlass zur Klage ist. Mag ein solcher Mensch immerhin zuverlässig und guten Willens sein, als ein Weggenosse, der sich über alles aufregt und immer jammert, ist er doch ein Feind unserer Gemütsruhe.

8. Gehen wir über zu den Vermögensverhältnissen, der reichsten Quelle menschlicher Misere. Vergleicht man alles, was uns sonst bedrängt, Todesfälle, Krankheiten, Ängste, Wünsche, Erdulden von Schmerzen und Mühen,

mit den Übeln, die das Geld uns bereitet, so werden diese weit überwiegen. Daher muss man bedenken, dass der Kummer, nichts zu haben, weit geringer ist als der, seinen Besitz zu verlieren, und wir werden einsehen, dass die Armut umso weniger Anlass zu Verdruss bietet, je weniger sie zu verlieren hat. Es wäre falsch zu meinen, die Reichen würden Verluste mit mehr Fassung hinnehmen; dem kleinsten und dem größten Körper verursacht eine Verwundung den gleichen Schmerz. Bion[52] sagt treffend, es tue den Glatzköpfigen so weh wie den reich Behaarten, wenn man ihnen Haare ausreiße. Das Gleiche gilt von den Armen und von den Reichen; es schmerzt sie in gleicher Weise; beiden liegt ihr Geld am Herzen, und es kann ihnen nicht entrissen werden, ohne dass es ihnen weh tut. Leichter zu ertragen ist es aber, wie gesagt, etwas gar nicht zu bekommen, als es zu verlieren; darum sind, wie man sieht, diejenigen vergnügter, die das Glück gar nie besucht hat, als solche, die es wieder verließ. Diogenes, dieser große Geist, hat das eingesehen und hat dafür gesorgt, dass ihm nichts entrissen werden konnte. Du magst das Armut, Mangel, Dürftigkeit nennen und diesen sorglosen Stand schmähen, wie du willst: erst dann will ich glauben, dass Diogenes nicht glücklich war, wenn du mir sonst einen nennst, dem nichts verloren gehen kann. Entweder täusche ich mich, oder man kann sich doch geradezu als König fühlen, wenn man unter Geizigen, Betrügern, Straßenräubern, Banditen der Einzige ist, dem kein Schaden zugefügt werden kann. Wer daran zweifelt, dass Diogenes glücklich gewesen ist, der kann auch über den Zustand der Götter im Zweifel sein, ob sie etwa nicht vollkommen glücklich sind, weil sie weder Landgüter noch Parkanlagen haben, weder durch

Verpachtung gewinnbringende Ländereien noch große Wucherguthaben bei den Banken. Wer du auch sein magst, schämst du dich nicht, Reichtümer bewundernd anzugaffen? Richte deinen Blick ins Weltall: Besitzlos wirst du die Götter finden; sie geben alles, für sich behalten sie nichts. Hältst du den für arm oder nicht vielmehr für gottähnlich, der sich aller Güter des Zufalls entledigt hat? Hältst du den Demetrios, den Freigelassenen des Pompeius, für glücklicher, er, der sich nicht schämte, reicher als Pompeius zu sein? Täglich wurde ihm die Menge seiner Sklaven gemeldet wie dem Feldherrn die Zahl seiner Truppen. Und das war einer, dem zwei Hausknechte hätten genug sein sollen und eine etwas geräumigere Kammer. Dem Diogenes aber entlief sein einziger Sklave; er hielt es jedoch nicht der Mühe wert, ihn wiederzuholen, als man ihm zeigte, wo er war. »Es wäre übel«, sagte er, »wenn Manes ohne Diogenes leben könnte, Diogenes aber nicht ohne Manes.« Damit hat er doch gesagt: »Tu, was du willst, Schicksal; bei Diogenes hast du nichts mehr zu suchen! Ein Sklave ist mir entlaufen? Nein, ich bin dadurch frei geworden.« Die Sklaven verlangen Bekleidung und Kost; man muss die Bäuche aller dieser gefräßigen Geschöpfe füllen, man muss ihnen Kleider kaufen, achthaben auf ihre Diebsfinger und ihr Geheul und Geschimpfe hören, wenn sie etwas tun sollen. Wie viel glücklicher ist, wer von niemand abhängt als von sich selbst; da hat er leicht Nein sagen.

Doch da wir nicht so viel innere Stärke besitzen, sollten wir wenigstens unseren Besitz beschränken, um den Schlägen des Geschicks weniger ausgesetzt zu sein. Körper, die in ihre Rüstung hineinpassen, sind im Kampf tauglicher als solche, die darüber hinausragen und durch ihre Größe überall den Verwundungen ausgesetzt sind. Nicht gerade in der Armut sitzen, aber doch nicht sehr weit von ihr entfernt sein, das ist die günstigste Vermögenslage.

9. Dieser maßvolle Zustand wird uns gefallen, wenn uns schon zuvor die Sparsamkeit gefallen hat, ohne die aller Reichtum nicht genügt, andernfalls aber ist nichts zu wenig, besonders da man sich leicht helfen kann, indem sich mithilfe der Genügsamkeit die Armut in Reichtum verwandeln lässt. Gewöhnen wir uns, allen Aufwand von uns fernzuhalten und auf den Nutzen der Dinge zu sehen, nicht auf ihren äußeren Glanz. Das Essen sei für den Hunger da, der Trank für den Durst, der Sinnenlust gebe man nach, soweit es sein muss. Lernen wir, unseren Gliedern etwas zuzumuten, in Kleidung und Nahrung es nicht mit der neuesten Mode zu halten, sondern mit der Art der Vorfahren. Das wollen wir lernen: die Enthaltsamkeit zu steigern, den Luxus zu beschränken, den Ehrgeiz im Zaum zu halten, den Jähzorn zu dämpfen, Armut mit Gleichmut zu betrachten, die Einfachheit zu üben, auch wenn sich viele ihrer schämen, die natürlichen Bedürfnisse mit Dingen zu befriedigen, die ohne viel Aufwand anzuschaffen sind, ungezügelte Hoffnungen und einen immer ins Zukünftige strebenden Geist gleichsam an die Kette zu legen und dafür zu sorgen, dass wir den Reichtum nicht dem Glück, sondern uns selbst verdanken. Nie können wir freilich der Wandelbarkeit und Ungunst des Schicksals so weit entgehen, dass uns nicht heftige Stürme treffen, wenn wir volle Segel gesetzt haben. Man muss weniger Angriffsfläche bieten, damit die Geschosse des Geschicks ins Leere fliegen. Daher haben schon Verbannung und Unglück bisweilen heilsam gewirkt, und durch kleinere Nachteile sind größere

geheilt worden. Hört jemand zu wenig auf gute Lehren und lässt er sich durch gelindere Mittel nicht heilen, warum sollte es dann nicht heilsam für ihn sein, durch Armut, Schande und Vermögensverlust kuriert zu werden? Ein Übel muss das andere vertreiben. Gewöhnen wir uns also, zu speisen ohne eine Menge von Gästen, bedient zu werden von nur wenigen Sklaven, Kleider nur zu dem Zweck anzuschaffen, zu dem man sie überhaupt hat, und einfacher zu wohnen. Nicht nur beim Wettlauf und auf der Rennbahn im Zirkus, auch auf unserer Lebensbahn müssen wir die Kehre nach innen nehmen können.

Auch der Aufwand für wissenschaftliche Bestrebungen, der an sich für einen freien Geist höchst angemessen ist, hat nur dann einen Sinn, wenn man das richtige Maß hält. Wozu zahllose Bücher und ganze Bibliotheken, von denen der Besitzer in seinem ganzen Leben kaum die Titelverzeichnisse liest? Eine solche Masse ist fürs Lernen lästig, nicht fördernd; viel nützlicher ist es, sich mit wenigen Schriftstellern eingehend zu beschäftigen, als viele durchzublättern.[53] Vierzigtausend Bücher verbrannten in Alexandria. Als ein großartiges Denkmal königlichen Reichtums mögen andere die Bibliothek preisen, wie auch Livius, der sie ein herrliches Werk des Kunstsinns und der wissenschaftlichen Fürsorge der Könige nennt. Nicht Kunstsinn oder Fürsorge war es, sondern gelehrter Luxus; ja nicht einmal gelehrter, denn nicht zum Studium, sondern zur Schaustellung hatten sie gesammelt, wie so viele, die nicht einmal einfache Schulkenntnisse haben, Bücher nicht als ein Mittel zum Studieren, sondern als Schmuck ihrer Speisesäle betrachten. Man schaffe sich daher Bücher an, so viel man braucht, aber nicht zur Dekoration. »Achtbarer ist doch«, meinst du, »der Aufwand für Bücher als die Anschaffung von korinthischen Gefäßen und Gemälden.« Was zu viel ist, ist auf jedem Gebiet von Übel! Wie kann man einen Menschen entschuldigen, der fieberhaft auf der Suche ist nach Schränken von Zedernholz und Elfenbein, der die Gesamtausgaben unbekannter oder verrufener Schriftsteller zusammenrafft und inmitten so vieler tausend Bücher gähnt und die meiste Freude an den Einbänden und den Schildchen mit den Titeln seiner Bücher hat. Bei den ärgsten Müßiggängern kann man so alle Werke der Redner und Historiker finden und Bücherschränke bis zur Decke hinauf. Ja, neben Baderäumen und Thermen wird nun noch eine Bibliothek eingerichtet, als notwendiger Schmuck des Hauses. Man könnte das gelten lassen, wenn solche Übertreibung aus gar zu großer Vorliebe für die Wissenschaften käme. Aber heutzutage werden diese auserlesenen Werke großer Denker, mit ihren Porträts versehen, nur zum schönen Schein und als Schmuck der Wände angeschafft.

10. Gesetzt nun den Fall, du bist in eine schwierige Lage geraten, das Geschick hat dir unvermerkt im öffentlichen oder im Privatleben eine Schlinge gelegt, die du weder lösen noch zerreißen kannst; bedenke, dass Sklaven mit Fußfesseln anfangs die Last und die Hemmnisse an ihren Füßen als unangenehm empfinden; später aber, wenn sie sich vorgenommen haben, die Sache zu dulden, anstatt sich darüber aufzuregen, lehrt die Not, sie mit Mut, die Gewohnheit, sie mit Leichtigkeit zu tragen. In jeder Lebenslage wirst du Erfreuliches und Vergnügliches zur Erholung finden, wenn du nur den Willen hast, deine Übel eher für leicht erträglich zu halten anstatt sie zu etwas Hassenswer-

tem zu machen. Nirgends hat die Natur es besser mit uns gemeint, als dass sie, im Wissen um das Elend, in das wir hineingeboren werden, uns als Linderungsmittel des Unglücks die Gewohnheit gab, die uns auch mit dem Schwersten bald vertraut werden lässt. Wenn das Unglück in seiner Fortdauer gleich stark wäre wie beim ersten Anprall, dann würde es niemand aushalten. Alle sind wir an das Schicksal angekettet, nur haben die einen eine goldene und weite Kette, die andern eine enge und rostige. Aber was ist das für ein Unterschied? Die gleiche Gefangenschaft umgibt alle; diejenigen, die andere gefesselt haben, sind selber auch gefesselt; oder hältst du die Kette am linken Arm des Gefangenenwärters für leichter? Den einen fesseln seine Ehrenämter, den andern seine Schätze. Die einen bedrückt ihre hohe, die anderen ihre niedrige Stellung; auf manchen lastet fremde Herrschaft, auf manchen die eigene; die einen hält die Verbannung immer an ein und demselben Ort, die anderen eine Priesterpflicht. Das ganze Leben ist Knechtschaft. Man gewöhne sich daher an seine Lage und klage möglichst wenig darüber; was sie Angenehmes hat, das halte man fest. Nichts ist so bitter, dass ein gelassenes Gemüt nicht einen Trost darin fände. Ein kleines Stück Land hat schon oft durch die Kunst der Aufteilung Platz für viele geboten, und geschickte Planung hat einen Fußbreit Boden bewohnbar gemacht. Geh mit Überlegung an die Schwierigkeiten heran. Auch Hartes kann erweicht, Enges erweitert, Schweres erleichtert werden, wenn man es zu tragen weiß. Außerdem darf man den Begierden nicht die Zügel lang lassen, sondern muss sie kurzhalten: ganz unterdrücken kann man sie ja doch nicht. Was unmöglich oder zu schwer ist, soll man lassen und sich an das Nächstliegende halten, das man zu erreichen hoffen kann; im Übrigen darf man nie vergessen, dass alles gleich unbedeutend ist;[54] von außen mag es verschiedenartig aussehen, innerlich ist alles eitel! Auch darf man Höherstehende nicht beneiden: Wo eine große Höhe ist, ist auch eine jähe Tiefe.

Andererseits werden diejenigen, die ein ungünstiges Geschick auf einen gefährlichen Platz gestellt hat,[55] sicherer sein, wenn sie in einer Stellung, die zu Hochmut Anlass gibt, allen Stolz abtun und ihr Schicksal möglichst in die Ebene herab verlegen. Es gibt zwar viele, die sich notgedrungen auf ihrer Höhe halten müssen, von der sie nicht herabkommen können, ohne zu stürzen, aber sie werden wohl bezeugen, dass ebendies für sie die größte Last sei, andern zur Last zu fallen und statt in die Höhe erhoben vielmehr auf die Höhe gebannt zu sein. Durch Gerechtigkeit, Freundlichkeit, Menschlichkeit und Wohltätigkeit mögen sie sich decken für günstigere Verhältnisse, und in der Hoffnung darauf können sie sich dann in ihrer Höhenlage sicherer fühlen. Nichts aber wird uns vor den Schwankungen unseres Geistes besser sichern, als wenn wir stets selber unserem Höhenflug ein festes Ziel setzen und das Ende nicht der Willkür des Schicksals überlassen, sondern noch weit vorm äußersten Punkt haltmachen. So werden auch manche Wünsche unseren Geist anregen; da sie aber in Grenzen gehalten werden, können sie ihn nicht ins Maßlose und Ungewisse fortreißen.

11. Was ich bisher sagte, geht Unvollkommene, Mittelmäßige, Schwache an, nicht den Weisen. Dieser braucht nicht ängstlich Schritt vor Schritt zu setzen; er hat so viel Selbstvertrauen, dass er nie Bedenken trägt, dem Schicksal entgegenzutreten, und nie vor ihm zurückweicht. Er

braucht es in keiner Weise zu fürchten, weil er nicht nur Sklaven, Besitz und Ehrenstellen, sondern auch seinen Körper, die Augen, die Hand, alles, was uns das Leben lieb macht, ja sich selbst zu den Dingen zählt, die uns nur auf Widerruf gewährt sind. Er lebt, als wäre er sich selbst nur geliehen, und ist bereit, sich ohne Murren wieder herzugeben, wenn er abgerufen wird. Darum schätzt er sich nicht geringer ein, weil er weiß, dass er nicht sich selbst angehört; er wird vielmehr mit allem so sorgfältig und umsichtig umgehen, wie ein gewissenhafter frommer Mensch anvertraute Güter zu bewahren pflegt. Hat er sie aber wieder zurückzugeben, wird er sich nicht beim Schicksal beklagen, sondern wird sagen: »Dank für das, was ich besaß und hatte; mit hohem Ertrag habe ich dein Eigentum verwaltet, du befiehlst: Dankbar und willig trete ich es wieder ab. Willst du mir noch etwas von dem Deinigen lassen, werde ich es hüten; beliebt es dir anders, so gebe ich dir alles zurück: Silbergerät und Silbergeld, Haus und Gesinde. Fordert die Natur das zurück, was sie uns früher geliehen hat, so werden wir auch in diesem Fall sagen: Nimm meinen Geist wieder hin, besser als du mir ihn gabst; ich sträube mich nicht und mache keine Ausflüchte; da hast du wieder, was du mir gabst, ohne dass es mir bewusst war; willig gebe ich es zurück, nimm es!«

Dahin zurückzukehren, woher man kam, was ist daran Schweres? Schlecht lebt jeder, der nicht gut zu sterben weiß. Man darf das Dasein nicht zu hoch anschlagen, man muss den Lebensatem unter die geringen Dinge rechnen. Wir nehmen es den Gladiatoren übel, sagt Cicero,[56] wenn sie auf jede Weise ihr Leben zu erhalten suchen; zeigen sie aber, dass sie es gering schätzen, so gefallen sie uns. Ebenso ist es, darüber musst du dir klar sein, auch bei uns. Todesfurcht ist ja oft eine Todesursache. Das Schicksal, das mit uns ein Kampfspiel aufführt, sagt: »Wozu soll ich dich aufbewahren, du feiges, zitterndes Geschöpf? Gerade weil du deinen Hals nicht darzubieten wagst, wirst du umso mehr Wunden und Schläge davontragen. Du aber, du wirst länger leben und leichter sterben, der du den Hieb nicht mit zurückgezogenem Nacken oder mit abwehrenden Händen, sondern mutig mit der Waffe auffängst.« Wer den Tod fürchtet, wird in seinem Leben nie etwas Rechtes leisten; wer aber bedenkt, dass der Tod ihm schon von Geburt an bestimmt war, der wird nach dieser Richtschnur leben und wird mit der gleichen Seelenstärke auch dahin kommen, dass die Zukunft ihm nichts Unerwartetes bringt. Alles, was kommen kann, sieht er voraus, als würde es ihm wirklich zustoßen, und damit schwächt er die Wucht aller Schicksalsschläge.[57] Was denjenigen, die gefasst und vorbereitet sind, nicht unerwartet kommt, das erscheint denen schwer, die sich sicher fühlen und immer nur auf Glück hoffen. Krankheit, Gefangenschaft, Einsturz, Brand, nichts von alledem ist unvorhersehbar. Ich wusste doch, in was für eine unruhevolle Behausung die Natur mich gebannt hatte; oft genug ertönte ein Jammergeschrei in meiner Nachbarschaft; oft genug hat man an meiner Türschwelle vorüber Fackeln und Wachskerzen jung Verstorbenen vorangetragen; schon oft erdröhnte in der Nähe der dumpfe Donner eines einstürzenden Gebäudes; viele von denen, die mir auf dem Forum, in der Kurie, im geselligen Umgang verbunden waren, hat eine Nacht hinweggerafft und die zum Freundschaftsbund verschlungenen Hände getrennt. Sollte ich mich wundern, wenn Gefahren, die mich immer schon umlauerten, einmal wirklich an mich herantreten? Viele Menschen denken nicht an den Sturm, wenn sie zur See gehen.

Bei einem guten Gedanken scheue ich mich nicht, auch einen schlechten Gewährsmann anzuführen. Publilius [Syrus],[58] bedeutender als mancher Tragiker und Komiker, wenn er seine Possenreißerspäße und seine nur auf die Besucher der hintersten Plätze berechneten Sprüche weglässt, sagt unter anderem, was für die Tragödie, nicht nur für die Komödie, passend wäre, auch dieses:

Was *einen* treffen kann, kann jeden treffen.

Wer sich das recht zu Herzen nimmt und jedes fremde Unglück, wovon es ja tagtäglich eine ungeheure Menge gibt, so ansieht, als hätte es auch zu ihm freien Zugang, der wird lange vorher gewappnet sein, ehe es ihn ereilt. Wenn man sich zum Bestehen einer Gefahr erst rüstet, wenn sie schon da ist, dann ist es zu spät: »Ich hätte nie geglaubt, dass das geschehen würde!« – »Hättest du je gedacht, dass es so weit kommen könnte?« – Warum denn nicht? Wo ist der Reichtum, dem nicht Armut, Hunger und der Bettelstab auf dem Fuße folgten? Wo das Ehrenamt, bei dem nicht das Purpurgewand, der Augurenstab und der vornehme Schuh des Patriziers auch von Schimpf und Schande begleitet sein könnten, von Verbannung, Brandmarkung, tausendfachem Makel und äußerster Schmach? Wo ist ein Königreich, dem nicht Untergang und Zertrümmerung drohte, ein anderer Herr, ein Henker? Und die Zeit dazwischen ist oft ganz kurz; nur eine knappe Stunde liegt zwischen dem Besitz des Thrones und dem Kniefall vor einem anderen. Bedenke daher, dass jeder Zustand wandelbar ist und was irgendeinem zustößt, auch dir zustoßen kann. Du bist reich; reicher noch als Pompeius? Als Kaiser Caligula ihm, als alter Verwandter und neuer Gastfreund,[59] das kaiserliche Haus öffnete, um ihm sein eigenes zu schließen, hatte er nicht einmal Wasser und Brot. So viele Flüsse besaß er einst, die auf seinen Besitztümern entsprangen und mündeten: jetzt musste er um ein paar Tropfen Wasser betteln. Im Palast seines Verwandten verhungerte und verdurstete er, während der Erbe ihm, der gerade den Hungertod starb, ein öffentliches Leichenbegängnis anberaumte. – Du hast die höchsten Ehrenstellen bekleidet? Etwa so große, unverhoffte und umfassende wie Sejan?[60] Am gleichen Tag, da ihm der Senat noch das Ehrengeleit gegeben hatte, riss ihn das Volk in Stücke. Götter und Menschen hatten auf diesen Mann alle nur denkbaren Ehren gehäuft, und nicht so viel blieb von ihm übrig, dass der Henker noch etwas zu tun gehabt hätte. – Du bist ein König? Nicht auf Krösus[61] will ich dich verweisen, der seinen Scheiterhaufen besteigen musste, ihn aber auch wieder verlöschen sah und nicht nur sein Königtum überlebte, sondern sozusagen auch seinen Tod; nicht auf Jugurtha,[62] der dem römischen Volk noch in demselben Jahr, da es ihn gefürchtet hatte, zum Schauspiel wurde. Den afrikanischen König Ptolemaios, den armenischen Mithridates sahen wir umgeben von den Schergen Caligulas; der eine wurde verbannt, der andere wünschte unter sicherem Schutz entlassen zu werden. Wenn du angesichts von solchem Auf und Ab des Geschicks nicht annimmst, dass alles, was geschehen kann, auch wirklich geschehen werde, dann gibst du dem Unglück eine Gewalt über dich, die nur derjenige brechen kann, der vorausblickt.

12. Weiter wird zu beachten sein, dass wir uns nicht für Unnötiges unnötigerweise abmühen, das heißt nicht Unerreichbares begehren oder etwas, von dem wir zu spät erst, nachdem wir viel Schweiß vergossen haben, erkennen, wie nichtig unsere Wünsche waren; ich meine, die Arbeit soll nicht ohne Erfolg sein oder der Erfolg muss der Mühe entsprechen. Denn wenn das Unternehmen nicht gelingt oder wenn man sich des Erfolges schämen muss, so ist die Folge davon meist eine gedrückte Stimmung.

Auch das Hin- und Herrennen in Häusern, Theatern und auf öffentlichen Plätzen, wie es bei vielen Leuten üblich ist, muss eingeschränkt werden. Solche Menschen bieten sich anderen zu allerlei Geschäften an und erwecken stets den Eindruck, als seien sie arg beschäftigt. Wenn sie aus dem Haus gehen und man fragt sie: »Wohin? Was hast du vor?«, so werden sie antworten: »Ich weiß es wahrhaftig nicht, aber ich werde diesen oder jenen treffen und dies und das erledigen.« Ohne bestimmten Plan laufen sie umher und suchen Geschäfte; sie tun nicht, was sie sich vorgenommen haben, sondern worauf sie gerade stoßen. Planlos und ohne Zweck ist ihr Herumlaufen; sie gleichen den Ameisen, die im Gebüsch umherkrabbeln und bald nach oben, bald nach unten eilen, ohne dass man erkennen kann warum. Ein solches Leben führen die meisten Menschen, und mit Recht könnte man es wohl rastlose Untätigkeit nennen. Manche rennen, als würde es brennen; man hat ordentlich Mitleid mit ihnen; sie stürmen dahin, rennen über den Haufen, wer ihnen in die Quere kommt, und bringen sich und andere zu Fall; und dabei laufen sie nur, um irgendjemand einen Besuch zu machen, der ihnen ihre Höflichkeit nicht einmal erwidern wird; oder um die Leiche irgendeines unbekannten Menschen zu begleiten oder um der Rechtssache eines Prozesskrämers, der Verlobung einer heiratswütigen Person beizuwohnen, oder sie folgen einer Sänfte nach, die sie stellenweise sogar selbst tragen. Kommen sie dann heim, müde ohne alle Not, so schwören sie, sie wüssten eigentlich selbst nicht, warum sie fortgegangen und wo sie gewesen seien; am folgenden Tag aber werden sie doch wieder in derselben Weise umherirren.

Dabei muss doch jede Arbeit irgendein Ziel, irgendeinen Zweck haben. Nicht Liebe zur Tätigkeit ist es, was sie rastlos umhertreibt; es sind falsche Ideen und Vorstellungen, denen sie wie Verrückte nachjagen. Selbst die machen sich ja nicht auf ohne irgendeine Hoffnung auf einen Erfolg; es treibt sie irgendein Scheinbild, dessen Nichtigkeit ihr unklarer Kopf nicht erkennt. Ebenso führen einen jeden, der nur fortgeht, um die Volksmenge noch um seine Person zu vermehren, nichtige, belanglose Gründe kreuz und quer in der Stadt herum. Ohne dass er eigentlich etwas zu schaffen hat, rennt er schon am frühen Morgen los, vergeblich klopft er an vielen Türen an und begrüßt nur den Türhüter. Viele empfangen ihn nicht; keinen aber trifft er schwerer zu Hause an als sich selbst. Eine Folge dieses Übels ist jenes ganz abscheuliche Laster, das intrigante Herumschnüffeln, das Ausspionieren öffentlicher und geheimer Angelegenheiten, das Wissen von vielen Dingen, die man nicht ohne Gefahr sagen noch ohne Gefahr hören kann.

13. Daran denkt wohl Demokrit, wenn er seine Regeln folgendermaßen beginnt: Wer ruhig leben will, der treibe nicht Vieles, weder privat noch öffentlich – womit er nämlich Unnötiges meint. Denn wenn es wirklich nötig ist, dann muss man nicht nur Vieles, sondern Unzähliges pri-

vat und öffentlich betreiben. Wo uns aber keine ernste Pflicht ruft, da halte man sich zurück. Wer nämlich Vieles betreibt, der gibt sich vielfach dem Schicksal in die Hand; dies soll man aber so wenig wie möglich herausfordern, dann geht man am sichersten, im Übrigen aber immer mit ihm rechnen und sich nichts von seiner Zuverlässigkeit versprechen. »Ich werde eine Seereise unternehmen, wenn sich nichts Ungünstiges ereignet«; und: »Ich werde Prätor werden, wenn sich mir nichts in den Weg stellt«; oder: »Mein Unternehmen wird meinen Erwartungen entsprechen, wenn nichts dazwischenkommt!« Das ist der Grund, weswegen wir behaupten, für den Weisen komme nichts unerwartet. Von den menschlichen Zufällen nehmen wir ihn nicht aus, aber von den Irrtümern. Auch ihm geht nicht alles, wie er's wünschte, aber doch so, wie er sich's dachte. Vor allem aber rechnet er damit, es könne sich seinem Vorhaben etwas hindernd entgegenstellen. Jedenfalls trifft der Schmerz über einen vereitelten Wunsch uns dann weniger herb, wenn wir nicht ganz sicher mit einem Erfolg gerechnet haben.

14. Nachgiebig müssen wir uns aber auch darin zeigen, dass wir uns nicht zu starr an einmal getroffene Entscheidungen binden; fügen wir uns in das, was uns das Geschick bringt, fürchten wir uns nicht vor einer Veränderung unserer Pläne oder unserer Lage; nur davor haben wir uns zu hüten, dass uns nicht der Wankelmut packt, der größte Feind unserer Seelenruhe. Auch der Starrsinn ist naturgemäß mit Not und Plage verbunden, da ihm das Schicksal oftmals etwas abnötigt, aber der Wankelmut ist viel drückender, da er sich nicht in festen Grenzen hält. Nichts verändern können und in nichts sich fügen, beides ist unserer

Gemütsruhe nachteilig. Auf jeden Fall muss sich der Mensch von allen Äußerlichkeiten frei machen und Einkehr halten bei sich selbst, Selbstvertrauen, Freude an sich selbst haben, sein Eigenes wert achten, sich so weit wie möglich von Fremdem zurückziehen, sich an sich selbst halten, Verluste nicht hoch anschlagen, auch Widrigem eine gute Seite abgewinnen.

Als unser Zenon erfuhr, seine ganze Habe sei beim Schiffbruch im Meer versunken, sagte er: »Das Schicksal will, dass ich ungehinderter philosophiere.« Den Philosophen Theodoros[63] bedrohte ein Tyrann mit dem Tod, und zwar ohne Begräbnis. Da entgegnete dieser: »Du kannst haben, was dir gefällt; über die paar Tropfen Blut kannst du verfügen; was aber die Bestattung betrifft, so bist du töricht, wenn du meinst, es mache für mich einen Unterschied, ob ich *auf* dem Boden verwese oder *in* ihm.« Canus Julius,[64] ein ganz hervorragender Mann, den man bewundern muss, obgleich er unserem Jahrhundert angehört, hatte mit Kaiser Caligula eine lange Auseinandersetzung gehabt, und dieser grausame Tyrann sagte dann beim Fortgehen zu ihm: »Schmeichle dir nicht mit einer törichten Hoffnung, ich habe Befehl zu deiner Hinrichtung gegeben.« Da erwiderte er: »Ich danke, gnädigster Fürst!« Ich bin nicht sicher, was er damit sagen wollte; Verschiedenes scheint mir denkbar. Wollte er damit einen Vorwurf aussprechen und die Grausamkeit einer Regierung zeigen, unter der der Tod eine Wohltat sei? Oder wollte er damit den schon zur Alltäglichkeit gewordenen Wahnsinn anprangern, dass diejenigen sich noch bedankten, denen die Kinder getötet und ihr Hab und Gut genommen wurde? Oder hat er den Tod freudig begrüßt als Befreiung? Sei es, wie es sei! Jedenfalls war es ein großes Wort. Vielleicht möchte man sagen: »Daraufhin konnte Caligula ja den Befehl geben, dass er am Leben bleiben solle.« Aber das hatte Canus nicht zu befürchten: Es war bekannt, dass bei solchen Befehlen der Kaiser treu zu seinem Wort stand. – Du kannst dir nicht vorstellen, dass Canus die zehn Tage bis zu seiner Hinrichtung ganz unbekümmert zubrachte? Allerdings ist es kaum glaublich, was dieser Mann sprach und tat und wie ruhig er war. Er saß gerade beim Brettspiel. Als der Hauptmann, der den Zug der Verurteilten führte, auch ihn aufforderte, sich anzuschließen, zählte er auf den Aufruf hin seine Spielsteine und sagte zu seinem Partner: »Lüge ja nicht und behaupte nach meinem Tod, du habest gewonnen.« Und zum Hauptmann sich wendend fügte er hinzu: »Du bist Zeuge, dass ich um eines voraus bin.« Meinst du, es sei dem Canus um den Gewinn des Brettspiels zu tun gewesen? Er nahm sein Schicksal spielerisch. Seine Freunde waren traurig darüber, einen solchen Mann zu verlieren, er aber sprach: »Was seid ihr bekümmert? Ihr forscht doch, ob die Seelen unsterblich sind: Ich werde es bald wissen.« So hörte er selbst am Ende nicht auf, die Wahrheit zu suchen, und machte seinen eigenen Tod zum Gegenstand der Forschung. Sein Hausphilosoph begleitete ihn, und schon war man dem Hügel nahe, auf dem unserer Gottheit, dem Kaiser, das tägliche Opfer dargebracht wurde. Da fragte ihn der Philosoph: »Was denkst du jetzt, mein Canus, oder wie ist dir zumute?« – »Ich habe mir vorgenommen«, erwiderte Canus, »in jenem flüchtigsten aller Momente zu beobachten, ob die Seele mit Bewusstsein aus dem Körper scheidet.« Zugleich versprach er, wenn er etwas erforschen könne, dann wolle er bei seinen Freunden umgehen und ihnen vom Zustand der Seele Kunde geben. – Welch eine Ruhe mitten im Sturm! Welch ein Geist, des ewigen Lebens wert, der seinen Tod zur Erforschung der Wahrheit nutzt, der im Begriff, jenen letzten Schritt zu tun, die scheidende Seele erforscht und nicht nur bis zum Tod, sondern vom Tod selbst noch etwas lernen will! Weiter hinaus hat niemand philosophiert. Wir wollen nicht so rasch Abschied nehmen von diesem großen Mann, den man mit besonderem Nachdruck so nennen muss; wir übergeben dich dem Andenken aller Zeiten, ruhmwürdiges Haupt, du erhabenes Opfer unter den Mordtaten des Caligula!

15. Doch es nützt nichts, nur die Ursachen der Unzufriedenheit im eigenen Leben beseitigt zu haben, denn zuweilen erfasst uns ein Hass gegen die ganze Menschheit. Man sieht eine Unmenge vom Glück begünstigter Schandtaten, man findet, dass Ehrlichkeit selten ist, Unschuld ein unbekanntes Ding, Treue kaum vorhanden, außer wo sie Vorteil bringt; dagegen zeigen sich die gleichermaßen hassenswerten Annehmlichkeiten und Nachteile böser Begierden; der Ehrgeiz spottet jeglicher Grenzen, dass er in seiner Schändlichkeit nur so strahlt. Da versinkt der Geist in Nacht; dunkel wird es um ihn, als ob die Tugenden, die man nicht erhoffen noch mit Gewinn besitzen darf, aus der Welt verschwunden seien. Daher muss man sich so einstimmen, dass man all die Laster der großen Masse nicht als hassenswert, sondern als lächerlich betrachtet, und wir wollen uns eher den Demokrit zum Vorbild nehmen als den Heraklit:[65] Dieser weinte, sooft er unter Menschen gegangen war, jener lachte; diesem erschien alles, was wir tun, als ein Elend, jenem als eine Posse. So muss man sich

alles leichter machen und es leichten Sinnes ertragen; menschlicher ist es, über das Leben zu lachen als zu weinen. Bedenke dazu noch Folgendes: Wer lacht, macht sich eher um die Menschheit verdient als wer klagt; er hat doch noch einen Rest von Optimismus, der andere beweint törichterweise das, an dessen Verbesserung er verzweifelt. Im Blick auf das Ganze ist doch derjenige größer, der in Lachen, als wer in Tränen ausbricht. Er gibt nämlich einer gelassenen Gemütsstimmung nach und hält im gesamten Lauf der Welt gar nichts für groß, für ernsthaft, ja auch nichts für beklagenswert. Jeder vergegenwärtige sich, was uns jeweils froh oder traurig stimmt. Dann wird er dem Bion recht geben, wenn er sagt, das ganze Tun der Menschen sei dem Akt ihrer Entstehung äußerst ähnlich und ihr Leben nicht erhabener und ernsthafter als ihre Empfängnis. Aber besser ist es, die Gewohnheiten der großen Masse und die menschlichen Fehler gelassen hinzunehmen und weder darüber zu lachen noch zu weinen. Denn über fremde Leiden sich betrüben, bedeutet beständiges Elend; an fremden Leiden sich zu freuen, ist ein menschenunwürdiges Vergnügen. Es ist aber auch eine unnötige Höflichkeit, darüber zu weinen und ein betrübtes Gesicht zu machen, weil irgendjemand seinen Sohn zu Grabe trägt. Auch bei deinen eigenen Leiden musst du es dahin bringen, dem Schmerz nur so weit nachzugeben, wie es die Natur fordert, aber nicht, wie es Mode ist. Die meisten vergießen nämlich nur dann Tränen, wenn die Leute es sehen; wenn kein Zuschauer dabei ist, haben sie immer trockene Augen; sie meinen, es sei eine Schande, nicht zu weinen, wenn alle anderen es tun. So tief sitzt dieser Übelstand, sich von der Meinung der Leute abhängig zu machen, dass auch die allernatürlichsten Gefühle wie der Schmerz Gegenstand der Heuchelei werden.

16. Wir wollen aber auch Fälle erwähnen, wo Trauer und Betrübnis wirklich am Platze sind, wenn nämlich tüchtige Männer ein bitteres Ende finden. Ein Sokrates musste im Gefängnis sterben, ein Rutilius[66] in der Verbannung leben; Pompeius und Cicero mussten ihren Schutzbefohlenen den Nacken darbieten; Cato, leibhaftiges Abbild der Tugend, stürzt sich in sein Schwert und bekundet damit, dass es mit ihm wie mit der Republik zu Ende sei. Es muss einem in der Tat wehtun zu sehen, wie das Schicksal oft so ungerecht lohnt; und was kann man für sich selber hoffen, wenn man sieht, dass gerade die Besten am schlimmsten zu leiden haben? Was bleibt einem da noch übrig? Doch sieh nur, wie ein jeder von den Genannten sein Geschick ertragen hat; waren sie tapfer, dann vermisse sie, aber in ihrer Gesinnung; starben sie unmännlich und feige, dann hat die Welt nichts an ihnen verloren. Entweder sind sie es wert, dass du ihre Seelengröße preist, oder sie sind es nicht wert, dass man ihrer Feigheit nachtrauert. Was wäre nämlich schändlicher, als wenn uns die großen Männer durch ihr tapferes Sterben mutlos machten! Gepriesen sei tausendfach, wer des Preisens wert ist: »Je tapferer, desto glücklicher«, wollen wir sagen. Entronnen bist du den Wechselfällen des Lebens, dem Neid, der Krankheit; du bist befreit aus dem Gefängnis; in den Augen der Götter verdientest du es nicht, dass schlimmes Geschick dich plagt, du verdienst es, von der Macht und Willkür des Schicksals befreit zu sein. Auf denen laste nun seine Hand, die sich ihm entziehen wollen und die noch im Augenblick des Sterbens nach dem Leben schielen. Nie will ich jemand beweinen, er sterbe

froh oder weinend; der eine hat meine Tränen selbst getrocknet, der andere hat durch seine Tränen bewiesen, dass er der meinigen gar nicht wert ist. Soll ich den Herkules[67] beweinen, weil er lebend sich verbrannte, oder den Regulus,[68] weil er von so vielen Nägeln durchbohrt wurde, oder den Cato, dass er sich abermals Wunden schlug? Sie alle haben in einem kurzen Augenblick den Weg zur Ewigkeit gefunden; durch ihren Tod gelangten sie zur Unsterblichkeit.

17. Eine nicht geringe Quelle des Verdrusses ist es auch, wenn man sich ängstlich verstellt und sich nicht gegen jedermann gibt, wie man ist; so ist das Leben vieler erheuchelt und auf den Schein berechnet. Das beständige Achtgeben auf sich selbst ist eine Pein; ständig muss man Angst haben, einmal anders ertappt zu werden, als man sich gewöhnlich gibt, und nie wird man frei von Besorgnis, weil man in jedem Blick ein Urteil liest. Es kann sich ja doch manches ereignen, das uns gegen unseren Willen ohne Schminke zeigt: Aber auch wenn dieses beständige Aufmerken auf sich selbst gelingt, ist ein solches Leben unter einer Maske weder angenehm noch sicher. Wie viel Angenehmes hat dagegen die einfache Natürlichkeit, die durch sich selbst schön ist und die ihre Lebensweise nicht bemäntelt. Man läuft aber auch mit einem solchen Leben Gefahr, verachtet zu werden, wenn man so ganz offen gegen jedermann ist. Manche werden dessen bald überdrüssig, was sie näher kennen. Aber die Tugend kommt nicht in Gefahr, verachtet zu werden, wenn man sie aus der Nähe betrachtet, und es ist besser, um seiner Ehrlichkeit willen gering geachtet zu werden, als unter fortwährender Heuchelei zu leiden. Doch alles mit Maßen! Es ist ein großer Unterschied, ob man bewusst einfach lebt oder nachlässig.

Vielfach muss man sich auch auf sich selbst beschränken, denn der Umgang mit anders gearteten Menschen stört das innere Gleichgewicht, weckt Leidenschaften wieder auf und lässt die schwachen und noch nicht ausgeheilten Stellen in unserem Geist wieder aufbrechen. Dennoch sollte man beides verbinden und damit abwechseln, Alleinsein und Geselligkeit. Die Einsamkeit wird in uns die Sehnsucht nach anderen Menschen wecken, die Geselligkeit aber die Sehnsucht nach uns selbst; eines wird ein Heilmittel für das andere sein. Die Abneigung gegen das Menschengewühl wird durch das Alleinsein geheilt werden, der Überdruss an der Einsamkeit vom Trubel der Menge. Auch darf man den Geist nicht immer in gleicher Weise anspannen, sondern ihn auch einmal zu heiteren Dingen herabstimmen. Sokrates genierte sich nicht, mit Kindern zu spielen, und Cato erholte sich beim Wein von den ermüdenden Sorgen um den Staat. Scipio[69] aber bewegte seinen an Marschtritt und Triumphzug gewöhnten Körper im Takt des Tanzes, nicht in weichlichen Verrenkungen, wie es jetzt manche sogar im Gehen tun, mehr als weibisch-weichlich, sondern so wie die Männer der alten Zeit bei Spielen und Festen männlich-kraftvoll im Waffentanz den Boden stampften, was ihnen nicht zum Nachteil gereichte, selbst wenn ihre Feinde dabei zugeschaut hätten. Man gönne dem Geist Erholung; frischer und kräftiger wird er sich nach der Ruhe wieder erheben. Wie man fruchttragenden Äckern nicht zu viel zumuten darf, weil eine fortwährende Fruchtbarkeit sie rasch erschöpfen würde, so hemmt die pausenlose Anstrengung den geistigen Schwung. Man bekommt wieder frische Kraft, wenn man ein wenig geruht und sich erholt hat. Aus unaufhörlicher Arbeit entsteht eine Art seelischer Abstumpfung und Erschlaffung. Die Menschen würden nicht so begierig danach streben, wenn Spiel und Scherz nicht eine Art von natürlicher Erholung böten; ein zu häufiger Genuss aber würde dem Geist allen Ernst und alle Kraft rauben. Auch der Schlaf ist zur Erholung nötig; würde man aber Tag und Nacht fort schlafen, wäre das der Tod. Es ist ein Unterschied, ob du die Zügel lockerst oder sie ganz nachlässt. Die Gesetzgeber haben Feiertage eingeführt, damit die Leute allgemein zur Fröhlichkeit gezwungen würden; damit schoben sie zwischen die Zeiten der Arbeit gleichsam ein notwendiges Maß an Erholung ein. Manche einsichtsvollen Männer haben sich jeden Monat bestimmte freie Tage gegönnt; andere teilten jeden Tag zwischen Ruhe und Geschäften. So erinnern wir uns an Asinius Pollio,[70] den großen Redner, der sich über die zehnte Stunde hinaus durch nichts festhalten ließ; nicht einmal Briefe las er nach dieser Zeit mehr, damit ihm keine neuen Verpflichtungen entstünden; dafür legte er aber auch in diesen zwei Stunden die Müdigkeit des ganzen Tages ab. Einige setzten um Mittag aus und hoben sich für die Stunden des Nachmittags etwas leichtere Arbeiten auf. Auch unsere Vorfahren bestimmten, dass nach der zehnten Stunde im Senat kein neuer Antrag eingebracht werden dürfe. Der Soldat teilt seine Wachen ein, und für diejenigen, die von einem Einsatz zurückkehren, ist die Nacht dienstfrei. Man muss auf sich Rücksicht nehmen und sich zuweilen Muße gönnen, die zur Nahrung und Stärkung des Geistes und der Seele dient; man kann im Freien Spaziergänge machen, dass sich der Geist unter offenem Himmel und in der frischen Luft stärkt und erhebt. Ein andermal wird eine Spazierfahrt, eine Reise, eine Ortsveränderung uns wieder neu beleben oder ein geselliges Mahl und ein etwas tieferer Blick ins Glas. Bisweilen darf es auch zu einem Rausch kommen, doch so, dass wir nur eintauchen, nicht dass er uns ertränkt. Der Wein vertreibt die Grillen und Sorgen und lockert den Menschen ein wenig auf, und wie gegen manche Krankheiten ist er auch gegen Schwermut gut. Der Erfinder des Weines hat den Namen *Liber* (der Freie)[71] erhalten, nicht wegen der Ungebundenheit der Zunge, sondern weil er die Seele von der Knechtschaft der Sorgen befreit und erlöst, sie belebt und kühner macht zu allen Unternehmungen. Aber wie bei der Freiheit, so ist auch beim Wein das Maßhalten nötig. Man sagt, auch Solon und Arkesilaos[72] hätten den Wein geliebt. Dem Cato hat man sogar Trunkenheit vorgeworfen. Eher wird aber aus diesem Vorwurf ein Lob als ein Tadel für Cato. Aber zu oft darf es nicht geschehen, damit keine üble Gewohnheit daraus entsteht; hie und da mag es gestattet sein, sich frei und ungebunden zu bewegen und die trübsinnige Nüchternheit für ein Weilchen zu verscheuchen. Denn ob wir nun dem griechischen Dichter recht geben, der sagt: »Zuweilen ist es süß, ein wenig toll zu sein«,[73] oder dem Platon: »Vergebens klopft an die Pforten der Poesie, wer ganz nüchtern ist und sich im Zaum hält«, oder Aristoteles: »Jedem Genie ist eine Dosis Tollheit beigemischt«: Etwas Großes und über das Gewöhnliche Erhabenes kann nur ein begeisterter Mensch aussprechen. Wenn er das Gemeine und Alltägliche hinter sich gelassen und in heiliger Begeisterung sich höher erhoben hat, erst dann kann er Größeres verkünden als ein sterblicher Mund. Nichts Erhabenes, Hohes wird der Mensch erreichen, solange er ganz bei sich ist. Er muss vom gewohnten Weg abgehen, sich aufschwingen, in den Zaum beißen, seinen Lenker mit fortreißen und ihn dahin tragen, wohin er allein sich zu versteigen nicht gewagt hätte.

Nun weißt du, mein lieber Serenus, was die Ruhe des Gemüts sichert, was sie wiederherstellt und was Fehlern, die sich einschleichen, Widerstand leistet. Bedenke aber, dass alle diese Lehren nicht genügen zur Bewahrung eines solchen Zustands, der immer labil bleibt, wenn man nicht mit wacher, beständiger Aufmerksamkeit um den schwankenden Geist gleichsam immer die Runde macht.

Vom glücklichen Leben

(*De vita beata*)

1. Glücklich leben will jedermann, lieber Bruder Gallio;[74] doch um zu erkennen, was zu einem glücklichen Leben gehört, dafür fehlt es den meisten am klaren Blick. Und es ist nicht so leicht, zu einem glücklichen Leben zu gelangen: Hat man einmal den Weg verfehlt, so kommt man immer weiter davon ab, je rascher man darauf zugeht; führt einen der Weg gar in entgegengesetzter Richtung, dann macht gerade die Eile die Entfernung immer größer. Deswegen muss man sich zuerst darüber klar werden, was man eigentlich anstrebt, sodann muss man sehen, auf welchem Weg man das Ziel am schnellsten erreicht. Schon auf dem Weg, wenn er denn der rechte ist, wird man merken, wie weit man täglich kommt, um wie viel man dem Ziel näher ist, zu dem uns ein natürliches Verlangen hintreibt. Solange wir freilich planlos umherschweifen, ohne einem Führer zu folgen, sondern dem lärmenden Geschrei und dem Stimmengewirr, das uns bald dahin, bald dorthin ziehen will, dann zerrinnt uns unser Leben unter lauter Irrtümern, und zwar im Nu, auch wenn wir uns Tag und Nacht um die rechte Einsicht bemühen. Man entscheide sich daher, wohin man will und auf welchem Wege, nicht ohne einen erfahrenen Führer, der unser Ziel genau kennt; denn hier ist es nicht so wie bei gewöhnlichen Reisen. Wenn man da auf seinem Weg bleibt und die Leute fragt, die dort wohnen, dann kann man wohl kaum irregehen; hier aber täuscht gerade der am meisten begangene, allgemein bekannte Weg am ehesten. Vor nichts muss man sich also mehr hüten, als dass man wie das liebe Vieh den Vorangehenden hinterhertrottet, indem man da geht, wo die Men-

ge eben zu gehen pflegt, nicht da, wo man gehen sollte. Nichts verwickelt uns ja in größere Übel, als wenn wir uns nach dem Gerede der Leute richten und das für das Beste halten, was mit lautem Beifall aufgenommen wird, und, weil wir dem Beispiel vieler folgen, uns nicht nach der eigenen Vernunft richten, sondern uns an andere anpassen. Da muss es zu einem Gewühl von Menschen kommen, von denen immer einer über den andern stürzt. Wie es bei einem großen Gedränge geht, wenn das Volk sich schiebt und stößt und einer im Fallen wieder einen andern mit sich reißt, so dass die Vorderen den Nachfolgenden zum Unheil werden, so kann man es überall im Leben beobachten: Niemand irrt für sich allein, sondern er ist auch Grund und Ursache für das Irren anderer. Es ist schädlich, sich an die Vorangehenden anzuschließen; und solange ein jeder sich lieber auf andere verlassen als selber urteilen will, wird niemals über das Leben recht nachgedacht, sondern immer nur anderen geglaubt: Es treibt und jagt uns ein immer von einem zum andern sich fortpflanzender Irrtum, und das Beispiel anderer bringt uns zu Fall. Wir können geheilt werden, wenn wir uns nur vom großen Haufen losmachen. Nun ist es aber so: Die Menge, die zäh an ihrem Übel festhält, steht der Vernunft entgegen. Und daher geht es wie bei Wahlversammlungen, wo sich diejenigen über die Wahl eines Prätors wundern, die selbst mitgeholfen haben, ihn zu wählen – wenn der Wind der wetterwendischen Volksgunst von einer anderen Seite weht. Das eine Mal lobt man etwas, das andere Mal tadelt man es. So geht es bei jedem Urteilsspruch, bei dem die Mehrheit entscheidet.

2. Wenn vom glücklichen Leben die Rede ist, darfst du nicht wie bei Abstimmungen zu mir sagen: »Hier ist offen-

bar die Mehrheit.« Gerade deshalb ist es nämlich das Schlechtere. Es steht mit der Menschheit nicht so gut, dass das Bessere der Mehrzahl gefiele: Die Einstellung der Masse ist geradezu ein Beweis des Verkehrtesten! Wir müssen fragen, was am besten zu tun ist, nicht was gewöhnlich geschieht; was uns in den festen Besitz beständigen Glücks bringt, nicht was der Masse gefällt, die in Sachen der Wahrheit ein gar zu schlechtes Urteil hat. Zur Masse gehören aber nach meiner Ansicht sowohl Leute im schlichten Gewand wie gekrönte Häupter. Nicht auf die Farbe der Kleider sehe ich, mit denen man den Leib verhüllt, den Augen traue ich nicht bei der Beurteilung eines Menschen; ich habe ein besseres und zuverlässigeres Licht, um Wahres von Falschem zu unterscheiden. Was der Geist wert sei, das finde der Geist auf! Wenn dieser je Zeit gewinnt, sich zu erholen und bei sich selbst Einkehr zu halten, wie wird er dann, von sich selbst gefoltert, sich die Wahrheit eingestehen und sagen: Was ich bisher getan, möchte ich lieber ungeschehen machen; wenn ich zurückdenke an meine Worte, beneide ich die Stummen; was ich wünschte, erscheint mir wie die Verwünschung von Feinden; was ich fürchtete – gute Götter! wie viel weniger schlimm war es als das, was ich mir wünschte. Mit vielen habe ich in Feindschaft gelebt, und vom Hass wandte ich mich wieder zur Freundschaft – wenn es überhaupt unter Schlechten Freundschaft gibt; mir selbst aber bin ich noch kein wahrer Freund! Ich habe mir alle Mühe gegeben, mich aus der Menge herauszuheben und durch irgendein Talent aufzufallen: Aber was tat ich anders, als dass ich mich feindlichen Angriffen ausgesetzt und der Böswilligkeit gezeigt habe, wo sie mich beißen könnte. Siehst du die Leute, die meine Beredsamkeit rühmen, meinem Reichtum nachlaufen, um meine Gunst buhlen, meine Macht in den Himmel heben? Sie alle sind meine Feinde oder, was fast dasselbe ist, können es werden. So viele Bewunderer, so viele Neider!

Warum suche ich nicht lieber etwas, was als gut erprobt ist, was ich wirklich empfinde, nicht zur Schau trage? Das, was man angafft, wovor man bewundernd stehen bleibt, was einer dem andern staunend zeigt, das glänzt von außen, inwendig ist es morsch.

3. Suchen wir lieber etwas, das nicht nur gut scheint, sondern gehaltvoll ist und sich gleich bleibt und auf der Seite, die man nicht sieht, noch schöner ist. Das wollen wir aufsuchen; und es liegt nicht so weit ab, man kann es finden; wissen muss man nur, wo man hingreifen muss. Jetzt gehen wir wie im Dunkeln am Nächstliegenden vorüber und rennen gerade gegen das an, was wir ersehnen.

Aber um dich nicht auf Umwege zu führen, will ich die Meinungen anderer übergehen – sie aufzuzählen und zu widerlegen wäre zu langwierig – und dir gleich meine Ansicht kundtun. Wenn ich sage: meine, dann binde ich mich jedoch nicht an einen der führenden Stoiker; auch ich habe das Recht auf eine eigene Meinung. Daher werde ich mich [wie im Senat] in *dem* Punkt einem anschließen, weiterhin von einem anderen verlangen, er solle mir seine Ansicht im Einzelnen darlegen; vielleicht werde ich auch, zuletzt nach meiner Meinung befragt, nichts von dem, was meine Vorgänger erklärt haben, verwerfen, und nur sagen: »Darüber hinaus beantrage ich noch Folgendes …« Indes halte ich mich, worin alle Stoiker einig sind, an die Natur; von ihr nicht abweichen, nach ihrem Gesetz und Beispiel sich zu bilden, das ist Weisheit. Glücklich ist daher ein Leben, wenn es seiner eigenen Natur entspricht. Das kann aber nur erreicht werden, wenn der Geist fürs Erste gesund ist und beständig gesund bleibt; sodann wenn er stark und tatkräftig ist, edel und geduldig, sich den Umständen fügt, auf den Körper und dessen Bedürfnisse sorgsam, aber ohne Ängstlichkeit achtet, wenn er ferner aufmerksam ist gegenüber allem, was zum Leben gehört, ohne zu großen Wert auf irgendetwas Bestimmtes zu legen, und wenn er die Gaben des Glücks benutzt, aber ohne ihr Sklave zu sein.

Du siehst ein, auch wenn ich es nicht eigens hinzufüge, dass daraus eine beständige Gemütsruhe und Freiheit entsteht, wenn alles ausgemerzt ist, was uns verwirren oder schrecken kann. Denn statt der kleinlichen, flüchtigen, in ihrer Gemeinheit schädlichen sinnlichen Genüsse wird uns eine hohe, unangefochtene, sich gleich bleibende Freude zuteil: Friede und Eintracht im Herzen, Größe mit Sanftmut im Bunde. Denn alles Gewaltsame ist ein Zeichen von Schwäche.

4. Was für uns ein Gut ist, kann auch anders bestimmt werden, wobei der Gedanke derselbe bleibt, die Worte etwas anders lauten. Ein und dasselbe Heer kann bald weiter ausgebreitet, bald enger zusammengezogen werden, das Zentrum kann zurückgenommen, mit den Flügeln zu einem Halbkreis formiert oder es kann in gerader Front entfaltet werden: Wie man es auch aufstellen mag, seine Kampfkraft ist immer dieselbe, desgleichen die Bereitwilligkeit, derselben Partei zu dienen. Ebenso kann die Begriffsbestimmung des höchsten Gutes bald eher ausführlich und umfassend, bald eher zusammengefasst und knapp gegeben werden. Es ist ganz dasselbe, ob ich sage: »Das höchste Gut ist ein Geist, der das Zufällige gering

achtet und an der Tugend seine Freude hat«, oder »eine unüberwindliche Kraft der Seele, mit Einsicht in die Dinge, Sanftmut im Handeln, verbunden mit reicher Menschenliebe und Fürsorge gegen alle, mit denen man zusammenlebt«. Man kann auch so sagen: Glücklich ist derjenige, für den es kein Gut und kein Übel gibt, außer einer guten oder einer schlechten Seele, der das sittlich Gute ehrt, der an der Tugend den größten Schatz hat, den zufällige Dinge weder stolz machen noch niederdrücken, der kein höheres Gut kennt als das, was er sich selbst geben kann, für den wahre Lust darin besteht, die Sinnenlust gering zu achten. Will man noch weitergehen, kann man das beliebig immer wieder anders ausdrücken, wobei der Sinn ungemindert erhalten bleibt. Was hindert uns etwa zu sagen, ein glückliches Leben bestehe im Besitz eines Geistes, der frei ist und aufrecht, unerschrocken und fest, erhaben über Furcht und Begierde, der nur *ein* Gut kennt, ehrenhaft zu handeln, und nur *ein* Übel, schändlich zu handeln, dem alles andere ein wertloser Kram ist, nicht imstande, das glückliche Leben zu schmälern oder es zu fördern, etwas, das ohne Gewinn oder Schaden für das höchste Gut kommt und wieder geht. Wer auf solchem festen Grund steht, den wird unweigerlich beständige Heiterkeit begleiten und eine tiefinnere Freude, da er das Seine genießt und nichts Größeres wünscht, als was er in sich hat. Wiegt so etwas nicht die kümmerlichen, nichtswürdigen, vergänglichen Triebe des armen Körperchens reichlich auf? Jeder Tag im Bann der Sinnenlust bedeutet auch einen Tag im Bann des Schmerzes.

Du siehst aber, was für eine schlimme und schädliche Knechtschaft der erduldet, den Sinnenlust und Schmerz, die unbeständigsten und maßlosesten Gebieter überhaupt, abwechselnd beherrschen. Darum muss man sich durchringen zur Freiheit; diese aber erlangt man nur durch Gleichgültigkeit gegenüber dem Schicksal. Daraus erwächst jenes unschätzbare Gut: die Ruhe und Erhabenheit einer Seele, die ihren festen Standpunkt gefunden hat, nachdem sie alle Irrtümer ausgemerzt hat, eine Seele, die aus der Erkenntnis der Wahrheit eine hohe, bleibende Freude gewinnt, eine Heiterkeit und Gelassenheit des Gemüts; an diesen Gütern wird sie sich besonders erfreuen, weil sie gleichsam auf ihrem eigenen Boden gewachsen, nicht ihr nur zugefallen sind.

5. Glücklich kann – da ich nun doch einmal etwas ausführlicher geworden bin – derjenige genannt werden, der, von der Vernunft geleitet, nichts mehr wünscht und nichts mehr fürchtet. Steine sind zwar auch frei von Furcht und Traurigkeit, ebenso wie die Tiere; glücklich wird sie deswegen aber niemand nennen, weil ihnen das Bewusstsein des Glücks fehlt. Auf derselben Stufe stehen für mich auch Menschen, die infolge von Stumpfsinn und Mangel an Selbsterkenntnis auf die Stufe von Tieren und unbelebten Dingen herabgesunken sind. Zwischen Tier und Mensch ist in solchen Fällen kein Unterschied; dort ist gar keine Vernunft, hier eine verkehrte, die zu ihrem eigenen Schaden wirkt. Glücklich kann niemand genannt werden, der keinen Begriff von der Wahrheit hat; ein glückseliges Leben ist also dasjenige, das auf einem richtigen und sicheren Urteil ruht und daher unwandelbar ist. Dann ist der Geist rein und frei von allen Übeln, wenn er sich nicht nur über Verletzungen, sondern auch über kleinere Quälereien hinwegsetzt, sich fest da behauptet, wo er einmal steht, und

seinen Platz auch gegen ein feindlich zürnendes Schicksal verteidigt.

Was die Sinnenlust angeht, so mag sie sich von überallher an uns heranmachen, uns auf Weg und Steg umschmeicheln, unseren Sinn in ihre Netze verstricken und alles aufbieten, um uns insgesamt oder teilweise in Unruhe zu bringen – aber wer wollte wohl, wenn noch eine Spur von menschlichem Wesen in ihm ist, Tag und Nacht gekitzelt werden, seinen Geist im Stich lassen und dem Körper frönen?

6. »Aber auch die Seele«, sagt man, »will ihr Vergnügen haben.«[75] Sie soll es haben und soll entscheiden über Wohlleben und andere Genüsse des Körpers; mag sie sich füllen mit allem, was die Sinne gewöhnlich erfreut; dann blicke sie zurück auf das, was vorüber ist; und in der Erinnerung an die genossenen Sinnesfreuden mag sie mit Wohlgefallen an die früheren denken und sich schon auf die künftigen einstellen. Sie mag ihre Hoffnungen auf neue Ziele richten und ihre Gedanken vorausschicken zu dem, was kommen wird, während der Körper noch in der gegenwärtigen Schwelgerei steckt: umso elender erscheint sie mir, denn Schlechtes zu wählen statt des Guten ist heller Wahnsinn. Ohne gesunden Verstand ist niemand glücklich, und gesunden Verstand besitzt der nicht, der Schädliches erstrebt, indem er es für das Beste hält. Glücklich ist daher, wer ein richtiges Urteil hat, glücklich, wer mit dem Gegenwärtigen, sei es, wie es wolle, zufrieden ist und sich in seine eigenen Verhältnisse gut eingewöhnt hat; glücklich ist der, dessen ganze Lage von seiner Vernunft gutgeheißen werden kann.

7. Auch diejenigen, die in der Sinnenlust das höchste Gut

sehen, dürften erkennen, wie niedrig sie dieses eingeschätzt haben; daher sagen sie, das Vergnügen könne von der Tugend nicht getrennt werden, man könne nicht tugendhaft leben, ohne angenehm zu leben, und auch nicht angenehm ohne Tugend. Ich begreife nicht, wie man so völlig Verschiedenes in eins zusammenwerfen kann.[76] Warum soll denn, ich bitte euch, das Vergnügen sich von der Tugend nicht trennen lassen? Wohl deswegen, weil jedes Gut aus der Tugend entspringt? Deshalb soll aus diesen Wurzeln auch das entstehen, was ihr liebt und begehrt. Wenn diese Dinge aber untrennbar wären, dann könnten wir ja nicht feststellen, dass manches zwar angenehm ist, aber nicht sittlich gut, anderes dagegen durchaus sittlich gut ist, aber nur schwer und auf dornigem Wege erreichbar.

Bedenke ferner, dass Sinnenlust sich auch in einem ganz und gar schändlichen Leben einfindet, dass die Tugend aber ein schlechtes Leben gar nicht zulässt, und dass manche unglücklich sind, nicht weil sie frei von Sinnenlust sind, sondern gerade wegen ihrer Begierden, was nicht möglich wäre, wenn die Tugend sich ganz mit der Sinnenlust verschmolzen hätte, die die Tugend zwar oft nicht hat, aber auch nie entbehrt. Warum stellt ihr Unähnliches, ja Entgegengesetztes zusammen? Die Tugend ist etwas Hohes, Erhabenes, Königliches, Unüberwindliches, Unermüdliches; die Lust aber etwas Niedriges, Sklavisches, Schwaches, Hinfälliges, das in Bordellen und Kneipen zu Hause ist. Die Tugend dagegen findet man im Tempel, auf dem Forum, in der Kurie, draußen vor den Mauern auf Wache stehend, mit Staub bedeckt, sonnenverbrannt, mit schwieligen Händen. Die Sinnenlust hält sich lieber versteckt und sucht das Dunkel, streicht um Badehäuser, Schwitzbäder und andere

Orte herum, wo man die Polizei zu fürchten hat; sie ist weichlich, entnervt, von Wein und Salben triefend, bleich oder geschminkt und mit Schönheitsmitteln einbalsamiert. Das höchste Gut aber ist unsterblich, es kann nicht untergehen; es gibt dabei weder Übersättigung noch Reue, denn eine rechte Gesinnung wandelt sich niemals; sie ist sich nie zuwider und braucht nichts zu ändern, da sie stets auf dem richtigen Wege ist. Die Sinnenlust aber erstirbt gerade dann, wenn sie auf dem Gipfel ist. Sie hat nicht viel Spielraum, darum sättigt sie rasch und bereitet Überdruss; wenn das erste Feuer erloschen ist, erschlafft sie. Man kann sich ja auch nie auf etwas verlassen, zu dessen Wesen die Unbeständigkeit gehört: Was nur flüchtig vorübereilt und im Genuss schon dahinschwindet, kann nichts Wesentliches sein. Es strebt von vornherein auf das Aufhören hin, und kaum begonnen, drängt es schon wieder dem Ende zu.[77]

8. Aber wie ist das nun? Haben die Guten nicht ebenso wie die Schlechten teil am Genuss, und die Schändlichen erfreuen sich an ihren Schändlichkeiten ganz ebenso wie die Anständigen an ihrem ehrenhaften Handeln? Darum gaben die Alten die Vorschrift, man solle nicht das angenehmste, sondern das beste Leben anstreben, so dass das Vergnügen nicht dem Rechten und Guten vorangeht, sondern es begleitet. Die Natur muss man nämlich zur Führerin nehmen; auf sie achtet die Vernunft, bei ihr holt sie sich Rat. Ein und dasselbe ist es also, glücklich und der Natur gemäß zu leben. Was das heißt, will ich gleich erklären. Es heißt Folgendes: Wir sollen unsere körperlichen Anlagen und was zu unserer Natur gehört, sorgsam, aber nicht ängstlich bewahren als etwas Vergängliches, uns nur für

kurze Zeit überlassen, sollen nicht Sklaven dieser Dinge werden und uns durch nichts beherrschen lassen, was unserem Wesen fremd ist; was dem Körper angenehm ist und uns von außen zukommt, das sollen wir ansehen wie im Heer Hilfsvölker und Leichtbewaffnete – sie sollen dienen, aber nichts zu befehlen haben: Nur unter diesen Bedingungen sind sie für unseren Geist von Nutzen. Ein tüchtiger Mensch darf sich von Äußerlichkeiten nie gefangen nehmen und beherrschen lassen; er halte nur auf sich selbst etwas, »im Vertrauen auf den eigenen Genius sei er auf alles gefasst«[78] und gestalte sinnreich selber sein Leben. Sein Selbstvertrauen sei nicht ohne Erkenntnis, seine Erkenntnis nicht ohne Beharrlichkeit; was er für recht hält, dabei bleibt er, und was er beschlossen hat, das streicht er nicht wieder durch. Man wird einsehen, auch wenn ich es nicht eigens hinzufüge, dass ein solcher Mensch in sich fest gegründet dasteht, menschenfreundlich und hochherzig in allem Tun. Die Vernunft aber soll, von den Sinnesempfindungen angeregt, von daher ihren Ausgangspunkt nehmen – denn sie hat ja keinen anderen Bestimmungsgrund und Antrieb zur Wahrheit – und dann wieder in sich selbst zurückkehren. Denn auch der alles umfassende Kosmos und Gott, der Lenker des Universums, richten sich in ihrem Wirken wohl nach außen, kehren aber doch von überallher immer wieder nach innen, in sich selbst zurück. So soll es auch unser Geist tun; wenn er seinen Sinnen folgend sich nach außen gewendet hat, dann sei er Herr über die Außenwelt und zugleich über sich selbst. Auf diese Weise wird eine starke, in sich harmonische Kraft entstehen, und jene sichere Vernunft, ohne Widerspruch, ohne Schwanken in Meinungen, Begriffen oder eigener Überzeugung.

Wenn diese zur inneren Ordnung, zu Übereinstimmung in all ihren Teilen und sozusagen zur Harmonie gefunden hat, dann reicht sie an das höchste Gut heran. Denn nichts Verkehrtes ist mehr da, nichts Unhaltbares, nichts, wobei man anstoßen oder ins Wanken kommen könnte. Ein solcher Mensch tut alles aus dem eigenen Inneren heraus, und nichts Unerwartetes widerfährt ihm; was er tut, wird wohl geraten, leicht und rasch und ohne ängstliches Zurückweichen beim Handeln. Denn Trägheit und Zögern deuten auf innere Kämpfe und Unsicherheit hin. Somit kann man kühn behaupten, das höchste Gut sei ein mit sich selbst einiger Geist. Denn wo Übereinstimmung und Einheit herrschen, da müssen die Tugenden sein; die Laster sind miteinander im Widerstreit.

9. »Aber auch du«, sagt vielleicht jemand, »bemühst dich um die Tugend doch wohl eben deswegen, weil du irgendein Vergnügen von ihr erhoffst.« Zunächst einmal: Wenn die Tugend je ein Vergnügen gewähren wird, so folgt daraus noch nicht, dass man sie deswegen erstrebt; sie gewährt dies nicht als Hauptzweck, sondern zusätzlich, und sie bemüht sich nicht eigens darum, vielmehr erreicht sie mit ihrer Bemühung, obwohl sie etwas anderes erstrebt, eben auch ein gewisses Vergnügen. Wie auf einem Saatfeld auch etliche Blumen mit aufwachsen, ohne dass man diese für das Auge erfreulichen Pflänzchen sorglich behandelt hätte – der Sämann bezweckte etwas anderes, diese kamen aber zusätzlich –, so ist auch das Vergnügen nicht der Lohn der Tugend, auch nicht der Beweggrund, sondern eine angenehme Zugabe; nicht darum hat man an ihr Wohlgefallen, weil sie Vergnügen schafft, sondern wenn man Wohlgefallen an ihr hat, dann schenkt sie auch Vergnügen. Das höchs-

te Gut liegt in der eigenen Urteilskraft und der rechten seelischen Haltung; wenn der Geist sein eigenes Wesen zur Vollendung gebracht und sich seine Grenzen gesetzt hat, dann ist das höchste Gut erreicht und er verlangt nichts weiter. Denn über das Ganze hinaus gibt es nichts mehr, ebenso wenig wie über das Ende hinaus. Darum ist schon die Frage verkehrt, weshalb ich die Tugend erstrebe, denn du fragst, als ob es etwas gäbe, das über dem Höchsten steht. Du willst wissen, was ich von der Tugend begehre: sie selbst; sie hat nichts Besseres, sie ist selbst ihr eigener Lohn. Oder ist das nicht herrlich genug? Wenn ich dir sage: Das höchste Gut ist eine unerschütterliche Kraft des Geistes und Weitblick, Erhabenheit, Gesundheit, Freiheit, Harmonie und Schönheit der Seele, wie kannst du da noch etwas Größeres fordern, worauf sich diese Dinge beziehen sollen? Was sprichst du mir von der Lust? Ich rede vom höchsten Gut des Menschen, nicht des Bauches; was diesen betrifft, so haben ja das Vieh und die wilden Tiere mehr Platz dafür.

10. »Du tust«, sagt da wohl einer, »als ob du nicht verstehst, was ich sagen will. Ich behaupte, niemand könne angenehm leben, ohne zugleich tugendhaft zu leben; das kann ja bei den stummen Tieren nicht der Fall sein, ebenso wenig bei Menschen, denen der Bauch ihr Gott ist. Ich sage es klar und bezeuge es offen, dass man dieses Leben, das ich ein angenehmes nenne, nicht erreichen kann ohne die Tugend.«

Gut – aber wer weiß nicht, dass gerade die größten Schwachköpfe in reichstem Maße das genießen können, was ihr Vergnügen nennt, dass auch die Nichtsnutzigen in Freuden schwimmen und dass die Seele selbst uns viele verkehrte Arten von Vergnügungen an die Hand gibt: insbesondere Anmaßung und Selbstüberschätzung, Aufgeblasenheit, die sich über andere erhebt, blinde, unüberlegte Eigenliebe, Weichlichkeit durch zu viel Genüsse, maßlose Freudenausbrüche bei kleinsten, kindischen Anlässen, ferner Geschwätzigkeit, Hochmut, der an Verleumdungen seine Freude hat, Trägheit und ein energieloses, vor sich hindämmerndes Wesen.

Das alles vertreibt die Tugend; sie nimmt dich am Ohr und prüft das Vergnügen, ehe sie es gestattet, und wenn sie es auch erlaubt, so legt sie keinen großen Wert darauf; sie lässt es nämlich nur mit Vorbehalt zu; nicht der Genuss selbst, sondern das Maßhalten dabei macht ihr Freude; wenn aber Mäßigung das Vergnügen vermindert, so ist sie ja ein Unrecht an diesem angeblich höchsten Gut. Du stürzest dich ins Vergnügen, ich dämpfe es; du genießt es, ich mache von ihm Gebrauch; du hältst es für das höchste Gut, ich halte es gar nicht für ein Gut; du tust alles um des Vergnügens willen, ich nichts.

11. Wenn ich sage: »Ich tue nichts um der Lust willen«, so meine ich damit den Weisen, dem du doch allein wahres Vergnügen zuerkennst. Denjenigen aber nenne ich keinen Weisen, der von irgendetwas, und vollends gar vom Vergnügen abhängig ist. Wenn dieses ihn beherrscht, wie wird er der Mühsal, der Gefahr, der Armut und so vielen anderen Schrecknissen widerstehen, die das Menschenleben umschwirren? Wie wird er den Anblick des Todes ertragen und den des Schmerzes? Wie das Erbeben der Erde und das grimmige Toben so vieler Feinde, wenn ihn schon ein so schwacher Gegner umwirft? »Was das Vergnügen ihm anraten wird, das wird er tun.« Ja, aber siehst du nicht, was es

alles von ihm verlangen wird? »Es wird«, sagst du, »nichts Unehrenhaftes von ihm verlangen, weil es mit der Tugend verbunden ist.« Doch siehst du wiederum nicht, was das für ein »höchstes Gut« ist, das einen Wächter braucht, um überhaupt ein Gut zu sein? Wie kann aber die Tugend das Vergnügen lenken und leiten, wenn sie ihm folgt? Denn das Nachfolgen ist Sache dessen, der gehorcht, das Lenken Sache dessen, der befiehlt; ihr stellt ja das, was befehlen soll, hinten hin! Ein treffliches Amt hat bei euch die Tugend, als Vorkoster[79] des Vergnügens! Doch wir wollen sehen, ob sich die Tugend bei denen überhaupt noch findet, die sie so schmählich behandeln; hat sie ihre Stelle verloren, kann sie auch ihren Namen nicht mehr führen. Ich will dir indessen, und darauf kommt es ja eigentlich an, viele zeigen, die von ihren Gelüsten völlig beherrscht werden, über die das Glück sein ganzes Füllhorn ausgegossen hat, und von denen du doch eingestehen musst, dass sie schlechte Menschen sind. Sieh dir einen Nomentanus und Apicius[80] an, die der Länder und der Meere Güter, wie sie es nennen, für ihre Tafel plündern und hier Tiere aus allen Weltgegenden präsentieren. Sieh nur, wie sie von ihrem Rosenlager aus ihre Küche dirigieren, wie sie ihr Ohr weiden an Gesängen, ihr Auge an Schauspielen, ihren Gaumen an Delikatessen. Mit leichten weichen und warmen Kissen wird über den ganzen Leib ein Reiz verbreitet, und damit auch für die Nase gesorgt sei, wird der Raum selbst, wo man der Üppigkeit Opfer darbringt, mit allerlei Wohlgerüchen angefüllt. Von diesen Menschen musst du doch sicherlich sagen, sie leben im Vergnügen, aber recht wohl kann es ihnen doch nicht sein, weil es kein wahres Gut ist, an dem sie sich freuen.

12. »Schlecht wird es ihnen gehen«, erwidert man, »weil vieles dazwischenkommt, das den Geist verwirrt, und weil widerstreitende Vorstellungen sie beunruhigen.« Das gebe ich zu; aber nichtsdestoweniger genießen diese törichten Menschen viel Vergnügen trotz ihres inneren Schwankens und der Reuegefühle, die sie packen; daher muss man eingestehen, sie seien in ihrem Zustand von jedem Unbehagen ebenso weit entfernt wie von der richtigen Gemütsverfassung und (was bei solchen meistens der Fall ist) sie befinden sich in einem heiteren Wahnsinn und in lachender Tollheit. Im Gegensatz dazu ist das Vergnügen des Weisen zurückhaltend, es ist bescheiden und eher gedämpft, verhalten und kaum merklich; es kommt, ohne dass man es holen müsste, und erhält, obwohl es von selbst kommt, von denen, die es genießen, keinen besonders ehrenvollen oder freudigen Empfang. Man nimmt es im Leben zwischendurch so mit, wie Spiel und Scherz gemischt mit ernsten Dingen.

Man soll also aufhören, Dinge zusammenzuspannen, die nicht zueinander gehören, und Tugend und Vergnügen zu verknüpfen, ein Fehler, wodurch man nur den Schlechten schmeichelt. Es meint wohl so ein Vergnügungsjäger, immer wankend und taumelnd, weil er weiß, dass er mit der Lust im Bunde lebt, lebe er auch tugendhaft; er hört ja, Vergnügen sei von der Tugend nicht zu trennen; daraufhin nennt er sein verkehrtes Treiben Weisheit und tut groß mit Dingen, die er besser geheim halten sollte. Nicht auf Epikurs Rat leben diese Leute in Schwelgerei, sondern, dem Laster ergeben, verbergen sie ihre Schwelgerei im Schoß der Philosophie und laufen dahin, wo sie Lobreden auf das Vergnügen hören können. Und sie fassen – das ist meine feste Überzeugung – nicht den ernsten, strengen Begriff, den Epikur mit dem Wort Vergnügen verbindet,[81] sondern sie laufen nur dem Namen nach und suchen einen Patron und einen Deckmantel für ihr leichtfertiges Leben. So geht auch noch das einzig Gute, was in ihrem schlechten Leben zu finden war, verloren, nämlich die Scheu, sich zu vergehen. Denn jetzt loben sie, worüber sie sonst erröteten, und prahlen mit dem Laster. So kann sich auch die Jugend nicht daraus losmachen, weil das heillose liederliche Leben einen anständigen Namen bekommen hat. Darum wirkt das Anpreisen der Lust so schädlich: weil nämlich die guten Lehren im Innern verborgen bleiben, das, was zum Schlechten verführt, aber offen zutage tritt.

13. Ich bin der Ansicht (vielleicht hören meine Brüder aus der Stoa das nicht gern), dass Epikur eine moralisch integre und rechte Lehre vertritt, ja wenn man sie genauer betrachtet, ist sie sogar streng und fast freudlos. Jene viel gepriesene Lust läuft nämlich am Ende auf ein geringes, dürftiges Maß hinaus; die Richtschnur, die wir für die Tugend aufstellen, stellt er auf für seinen Begriff von der Lust. Er verlangt, sie müsse der Natur gehorchen. Was aber der Natur genügt, ist für ein üppiges Leben zu wenig. Wie steht es nun? Jeder, der träges Nichtstun und den Wechsel von Gaumengenüssen und Begierden »Glück« nennt, sucht für die schlechte Sache einen guten Gewährsmann; hat er den, so geht er, von dem einschmeichelnden Namen verlockt, der Lust nach, wie er sie vorher im Sinne hatte, nicht der, von der man dort spricht, und hat er einmal die Ansicht gewonnen, seine Fehler stimmten mit jenen Lehren überein, dann frönt er ihnen nicht ängstlich und im Verborgenen, im Gegenteil, dann trägt er den Kopf noch hoch bei seinen

Schwelgereien. Darum sage ich nicht, wie die meisten der Unsrigen, Epikurs Schule sei eine Lehrstätte der Laster, sondern ich behaupte: Sie steht in einem schlechten Ruf, sie ist verschrien, doch zu Unrecht. Wer kann das aber wissen, wenn er nicht zu den Eingeweihten gehört? Die äußere Fassade gibt Anlass zu allerlei Gerede und verleitet zu unguten Erwartungen. Das ist so, wie wenn ein tapferer Mann ein Frauenkleid trägt: Dein Anstand bleibt gewahrt, deine Männlichkeit unangetastet, du gibst deinen Körper keiner Schande preis, aber du hältst das Tamburin in der Hand.[82] Man wähle daher einen ehrbaren Namen und eine Aufschrift, die schon von selbst den Geist zum Höheren aufruft; bei der, wie sie jetzt besteht, haben sich die Laster eingefunden. Wer sich der Tugend weiht, hat eine Probe seiner edlen Anlage abgelegt; wer der Lust nachjagt, erscheint entnervt, heruntergekommen, unmännlich, auf dem Weg in die Schande. Es müsste ihm nur einer den Unterschied der einzelnen Arten von Vergnügungen klarmachen, so dass er wüsste, welche in den Schranken des natürlichen Verlangens bleiben und welche sich blindlings überstürzen, ohne Maß und Ziel, und umso unersättlicher, je mehr man ihnen nachgibt.

14. Auf denn! Die Tugend gehe immer voran, dann ist jeder Schritt sicher. Zu viel Vergnügen ist schädlich; bei der Tugend ist ein Zuviel gar nicht zu befürchten, da sie ihrem Wesen nach maßvoll ist. Was an seiner eigenen Größe leidet, ist kein Gut. Du bist von Natur aus ein vernunftbegabtes Wesen: was kann dir Besseres geboten werden als Vernunft? Und wenn dir jene Verbindung gefällt, wenn es dir gefällt, in dieser Begleitung den Weg zu einem glücklichen Leben zu gehen, dann schreite die Tugend voran, die Lust

aber sei der Begleiter und sei wie ein Schatten um den Körper. Die Tugend aber, die erhabenste Herrin, als Magd dem Vergnügen auszuliefern, das kann nur einer, der keinen hohen Gedanken fassen kann.[83]

An erster Stelle schreite die Tugend, sie trage die Fahne; wir werden freilich auch Vergnügen haben, aber wir werden es beherrschen und lenken; wir werden uns bitten lassen, aber nichts wird uns zwingen. Diejenigen aber, die das Vergnügen zur Hauptsache machen, haben weder das eine noch das andere: die Tugend verlieren sie, und das Vergnügen haben sie nicht, sondern das Vergnügen beherrscht sie, und entweder quält sie der Mangel daran oder sie ersticken im Überfluss. Sie sind elend, wenn sie es nicht haben, und doppelt elend, wenn sie es im Überfluss haben. Es geht ihnen wie den Seeleuten, die in einem Meer voller Sandbänke festgehalten werden: Bald sitzen sie auf dem Trockenen, bald werden sie wieder von reißenden Wogen hin und her getrieben. So weit kommt es aber, wenn man zu wenig Maß hält und blind ist in seiner Begierde; für den, der Schlechtes will statt des Guten, ist die Erfüllung seiner Wünsche gefährlich. Wie wir auf wilde Tiere unter Anstrengung und Gefahr Jagd machen und auch wenn sie gefangen sind, ihr Besitz immer eine bedenkliche Sache ist, weil sie oft ihren Herrn zerfleischen, so stürzen gewöhnlich diejenigen, die große Vergnügungen erjagen, in großes Unheil: Was sie fingen, fängt sie! Je zahlreicher und größer die Vergnügungen sind, desto machtloser und desto mehr versklavt ist der, den die Masse glücklich nennt. Um bei diesem Bild zu bleiben: Wie der Jäger, der das Lager des Wildes aufspürt und sich freut, »mit Schlingen zu fangen das Wild« und »mit Hunden zu umstellen das große Waldgebirge«,[84] um seine Spur zu verfolgen, wie er wichtigere Dinge aufgibt und viele Geschäfte vernachlässigt, so vergisst auch, wer dem Vergnügen nachjagt, alles andere; als Erstes achtet er die Freiheit gering und opfert sie dem Bauch. Er erkauft sich nicht das Vergnügen, sondern er verkauft sich an das Vergnügen.

15. »Was soll denn aber«, fragt man weiter, »daran hindern, dass Tugend und Vergnügen eins sind und das höchste Gut darin besteht, dass etwas zu gleicher Zeit anständig und angenehm sei?« Das geht darum nicht, weil ein Teil der Tugend nur wieder etwas Tugendhaftes sein kann und weil das höchste Gut nicht vollkommen rein wäre, wenn es einen unedlen Bestandteil in sich hätte. Selbst die Freude, die aus der Tugend entsteht, ist zwar etwas Gutes, aber doch kein Teil des absolut Guten, so wenig wie Heiterkeit und Seelenfrieden, mögen diese auch aus durchaus achtbaren Anlässen entstehen. Es sind dies zwar Güter, aber solche, die eine Folge des höchsten Gutes sind, doch nicht sein Wesen ausmachen. Wer aber Vergnügen und Tugend zusammenwirft, und nicht einmal zu gleichen Teilen, der schwächt mit diesem gebrechlichen Gut auch alle Lebenskraft des anderen ab, und die Freiheit, die nur dann ganz frei ist, wenn sie nichts Wertvolleres kennt als sich selbst, die schickt er unters Joch. Denn was die ärgste Knechtschaft ist: Sie wird von nun an abhängig vom Schicksal. Die Folge davon ist ein Leben voller Angst, Misstrauen, Zittern und Zagen vor einem Schicksalsschlag und den Wechselfällen des Lebens. Du gibst der Tugend kein festes, unerschütterliches Fundament, sondern lässt sie auf schwankendem Boden stehen. Was ist aber so schwankend wie das bange Warten auf das, was der Zufall bringt, und die Unbe-

ständigkeit des körperlichen Zustands und aller möglichen Dinge, die auf den Körper einwirken? Wie kann man da Gott gehorchen und alles, was geschieht, mit Seelenruhe und ohne Klagen über das Geschick hinnehmen, wie kann man sein Schicksal sich zum Besten auslegen, wenn man bei einem kleinen Nadelstich durch Lust oder Leid schon aus der Fassung gebracht wird? Der kann auch kein tüchtiger Beschützer oder Verteidiger des Vaterlandes sein noch ein Streiter für seine Freunde, wer sich immer nur von dem bestimmen lässt, was ihm Vergnügen macht.

Auf eine solche Höhe muss sich das größte Gut erheben, von wo es von keiner Macht und Gewalt herabgezogen werden kann, wo weder Schmerz noch Hoffnung noch Furcht heranreichen noch sonst etwas, wodurch das Recht des höchsten Gutes eingeschränkt würde. So hoch kann aber nur die Tugend steigen. Nur wenn man mit ihr Schritt hält, kann man diese Anhöhe bewältigen; sie wird tapfer standhalten und alles, was geschieht, nicht bloß erdulden, sondern sogar gern ertragen, im Wissen, dass jede Schwierigkeit im Leben Auswirkung eines Naturgesetzes ist. Wer der Tugend folgt, wird wie ein guter Soldat seine Wunden ertragen, seine Narben zählen, von Geschossen durchbohrt den Feldherrn noch lieben, für den er fällt, eingedenk der alten Weisung: »Folge der Gottheit!«

Wer aber jammert und weint und seufzt, der wird gezwungenermaßen tun, was befohlen wird, und wird gegen seinen Willen zur Erfüllung der Befehle hingezerrt, trotz alledem. Wie verrückt ist es aber doch, sich lieber dahinschleifen zu lassen, als freiwillig zu folgen.[85] Ja, es ist ebenso Torheit und Verkennung der eigenen Lage, wenn du betrübt bist, weil dir etwas fehlt oder dir etwas Schlimmeres zugestoßen ist, oder gleichermaßen sich zu wundern oder mit Widerstreben zu tragen, was Gute wie Böse trifft: Krankheiten meine ich, Todesfälle, Gebrechen und was sich sonst Unangenehmes im Menschenleben unvermutet ereignet. Was man nach dem allgemeinen Gesetz der Weltordnung zu erdulden hat, das nehme man hochherzig auf sich. Darauf sind wir verpflichtet: unser Menschenlos zu ertragen und uns nicht irremachen zu lassen durch etwas, was zu vermeiden nicht in unserer Macht steht. Wir sind in einem Königreich geboren; Gott zu gehorchen, das ist Freiheit.

16. Das wahre Glück besteht somit in der Tugend. Was wird diese Tugend dir für einen Rat geben? Du sollst nichts für ein Gut oder für ein Übel halten, was nicht Folge der Tugend oder der Schlechtigkeit ist, du sollst unerschütterlich fest bleiben gegen das Böse und aufseiten des Guten, damit du Gott ähnlich wirst, soweit es nach göttlichem Gesetz möglich ist. Und was wird dir für diesen Kampf verheißen? Großes und Gottgleiches! Du wirst zu nichts gezwungen sein, du wirst nichts entbehren, du wirst frei sein, sicher, ungeschädigt; du wirst nichts vergeblich unternehmen, in nichts gehindert sein. Alles wird dir nach Wunsch gehen, nichts Widriges dir begegnen, nichts unerwartet, nichts gegen deinen Willen. – »So ist also die Tugend genug zu einem glücklichen Leben?« Wie sollte sie, vollkommen und göttlich, wie sie ist, nicht genug sein, ja übergenug? Was könnte denn dem fehlen, der über jeden Wunsch erhaben ist? Was braucht der von außen, der alle seine Schätze in sich hat? Wer aber erst auf dem Weg zur Tugend ist,[86] der hat, auch wenn er schon weit fortgeschritten ist, noch einige Gunst des Geschicks nötig, solange er

noch den Kampf des Lebens kämpft, bis er einmal diesen Knoten gelöst hat und jede Fessel der Sterblichkeit. Worin besteht also der Unterschied? Darin, dass die anderen eng angebunden sind, festgeschnürt, wieder andere in harte Bande geschlagen. Wer vorwärtsstrebend sich höher erhoben hat, trägt eine lose Kette; ganz frei ist er noch nicht, aber doch so gut wie frei.

17. Da könnte nun einer von denen, welche die Philosophie ankläffen, die üblichen Einwände vorbringen: »Warum bist du in Worten stärker als in Taten? Warum dämpfst du deine Stimme vor dem Höhergestellten, schätzt das Geld hoch als ein für dich notwendiges Mittel, lässt dich erschüttern durch einen Verlust, weinst beim Tode deiner Gattin oder eines Freundes, nimmst Rücksicht auf deinen guten Ruf und lässt dich durch boshaftes Gerede aus der Ruhe bringen? Warum ist dein Land sorgfältiger angebaut, als es eine natürliche Nutzung erfordert? Warum sind deine Mahlzeiten nicht so einfach, wie du lehrst? Warum hast du so glänzendes Geschirr? Warum trinkt man bei dir einen Wein, der älter ist als du selbst? Warum wird überall Gold zur Schau gestellt? Warum werden Bäume gepflanzt, die nichts geben als Schatten? Warum trägt deine Frau an den Ohren einen Schmuck, der ein ganzes Vermögen kostet? Warum ist deine Dienerschaft so kostbar gekleidet? Warum gilt bei dir das Servieren als eine Kunst? Warum wird dein Tafelsilber nicht einfach wie es sich ergibt aufgestellt, sondern penibel angeordnet, und warum gibt es eigens einen Küchenmeister, um den Braten zu tranchieren?« – Mach ruhig noch weiter: »Warum hast du überseeische Besitzungen, warum mehr, als du überschauen kannst? Zu deiner Schande bist du entweder so gleichgül-

tig, dass du deine wenigen Sklaven nicht kennst, oder so verschwenderisch, dass du mehr hast, als du im Gedächtnis behalten kannst!« – Ich will dich später bei deinem Tadel noch unterstützen und mir selbst Vorwürfe machen, mehr als du ahnst; für jetzt aber gebe ich dir zur Antwort: Ich bin kein Weiser und – um deine missgünstige Gesinnung noch zu nähren – ich werde auch nie einer werden. Fordere daher nicht von mir, den Besten gleich zu sein, sondern nur besser zu sein als die Schlechten; es genügt mir, täglich etwas von meinen Fehlern abzulegen und mir immer wieder meine Verirrungen vorzuhalten. Ich habe es nicht zur vollen Gesundheit gebracht und werde es auch nicht dazu bringen; ich bereite mir eher Linderungs- als Heilmittel für meine Gicht und bin zufrieden, wenn das Übel seltener kommt und weniger zwackt. Mit euren Füßen verglichen, ihr Schwächlinge, bin ich allerdings noch ein Läufer. Nicht von mir ist die Rede; bei mir ist noch alles voll von Fehlern; ich spreche von einem, der schon etwas erreicht hat.

18. »Deine Worte sind anders als dein Wandel«, hält man mir entgegen. Das ist ein Vorwurf, den man auch dem Platon, dem Epikur und Zenon gemacht hat, ihr böswilligen Menschen, die ihr gerade den Besten besonders feindlich gesinnt seid! Sie alle sprachen nicht davon, wie sie selbst leben, sondern wie man leben solle. Von der Tugend rede ich, nicht von meiner Person; wenn ich die Laster schelte, so denke ich in erster Linie an meine eigenen; sobald ich es vermag, will ich leben, wie ich sollte. Und eure Bosheit, die giftgetränkte, soll mich vom Guten nicht abhalten. Auch der Geifer, mit dem ihr andere bespritzt und euch selber tötet, soll mich nicht hindern, eine Lebensweise beharrlich zu loben, nicht wie ich sie führe, sondern wie sie geführt

werden soll, das heißt, die Tugend zu verehren und ihr, wenn auch in gewaltigem Abstand, mit unsicher tastendem Schritt nachzufolgen. Wie könnte ich erwarten, dass irgendetwas von der Missgunst verschont bleibt? Für diese Leute war ja weder ein Rutilius[87] heilig noch ein Cato. Sollte sich jemand grämen, weil er denen zu reich erscheint, denen der Kyniker Demetrius nicht arm genug war? Von diesem über die Maßen strengen Mann, der gegen alles kämpfte, was die Natur verlangt, und der darum noch ärmer war als die anderen Kyniker, weil er sich nicht nur wie sie den Besitz, sondern sogar den Wunsch danach untersagte, von diesem behaupten sie, er sei für einen Weisen nicht arm genug. Und dabei ist er doch nicht so sehr ein Lehrer der Tugend als der Armut gewesen.

19. Von dem Epikureer Diodor, der vor Kurzem seinem Leben mit eigener Hand ein Ende setzte, behauptet man, er habe nicht nach Epikurs Lehre gehandelt, indem er sich die Kehle durchschnitt; die einen betrachten diese seine Tat als Wahnsinn, die andern als Unbesonnenheit. Er aber hat glücklich und mit völlig gutem Gewissen, indem er aus dem Leben schied, Zeugnis für sich abgelegt und die Ruhe eines Lebens gepriesen, das in den Hafen eingelaufen ist und Anker geworfen hat. Und er hat ausgesprochen, was ihr ungern hört, so als müsstet ihr das Gleiche tun:

»Nun, ich habe gelebt und die Bahn des Geschickes durchlaufen.«[88]

Über das Leben des einen, über den Tod des anderen redet ihr daher, und wenn ihr den Namen großer Männer hört, die sich durch etwas Ruhmvolles auszeichnen, dann belfert ihr sie an wie kleine Hunde, wenn unbekannte Leute daherkommen. Denn das kommt euch zugute, wenn niemand für tüchtig erfunden wird, weil die Tüchtigkeit anderer ein Vorwurf für all euere Schändlichkeiten wäre. Voller Missgunst vergleicht ihr das Glänzende mit eurem Schmutz und seht nicht ein, wie sehr ihr euch mit solcher Frechheit schadet. Denn wenn selbst diejenigen, die der Tugend nachstreben, habsüchtig, lüstern und ehrgeizig sind, was seid dann erst ihr, denen schon der Name der Tugend verhasst ist?

Ihr sagt, es leiste doch keiner, was er mit Worten verspreche, und niemand lebe seinen Reden gemäß. Kein Wunder, wenn in ihren Reden so heldenhaft Großartiges und über alle Stürme des Menschenlebens Erhabenes zur Sprache kommt. Während sie streben, von dem Kreuz sich loszureißen, an das ein jeder sich selbst annagelt, hängen sie, wenn sie dennoch zur Hinrichtung geschleppt werden, doch nur an einem Pfahl; diejenigen aber, die sich selbst zur Strafe leben, hängen ausgespannt an so vielen Kreuzen, wie Leidenschaften in ihnen toben. Doch wenn es den Fehlern anderer gilt, wissen die Lästerer ganz trefflich zu reden. Ich meine, dies könnte man ihnen noch hingehen lassen, wenn nicht manche noch vom Galgen herab die Zuschauer anspuckten.

20. »Die Philosophen leisten das nicht, was sie sagen.« Doch leisten sie viel damit, dass sie es aussprechen, dass sie von der Sittlichkeit ein Ideal aufstellen. Würden sie auch noch ihren Worten gemäß handeln, wer wäre glücklicher als sie? Indessen darf man beherzigenswerte Worte nicht gering achten noch ein Herz, das erfüllt ist mit solchen Gedanken. Die Beschäftigung mit heilsamen Studien ist lobenswert, auch abgesehen von der Wirkung. Was Wunder, wenn Leute, die sich an steile Höhen gewagt haben, den

Gipfel nicht ganz erreichten? Doch wenn du ein tüchtiger Mensch bist, dann schau auf zu denen, die, auch wenn sie zu Fall kamen, etwas Großes gewagt haben. Edel ist es, wenn man, weniger auf die eigene Kraft vertrauend als auf die der menschlichen Natur überhaupt, an etwas Großes sich wagt und sich noch höhere Ziele steckt, als selbst die größten Geister zu erreichen vermögen. Wer sich Folgendes zum Grundsatz macht: »Ich will mit derselben Miene dem Tod ins Auge schauen, mit der ich von ihm höre. Ich will Mühseligkeiten, wie groß sie auch sein mögen, auf mich nehmen, und der Geist soll den Körper dabei stützen. Ich will Reichtum, ob ich ihn habe oder nicht, gleichermaßen gering achten; liegt er anderswo, soll es mich nicht niederdrücken, glänzt er um mich her, so soll mich das nicht übermütig machen. Ob das Glück mir lächelt oder nicht, das soll mir gleich sein. Alles Land will ich ansehen, als gehörte es mir; das meinige, als sei es Allgemeingut. Ich will mir in meinem Leben bewusst bleiben, dass ich für andere geboren bin, und will der Natur dafür dankbar sein. Denn wie konnte sie besser für mich sorgen? Mich, den einen, hat sie allen geschenkt; mir, dem einen, schenkte sie alle. Was mir zuteil wird, das will ich weder in schmutzigem Geiz hüten noch verschwenderisch hinauswerfen. Nichts will ich mehr als meinen Besitz ansehen als ein gut angewandtes Geschenk. Nicht nach Maß und Gewicht will ich meine Wohltaten abwägen[89] und stets nur nach dem Wert des Empfängers. Was ein Würdiger bekommen soll, sei mir nie zu viel. Nichts will ich meinem Ansehen, alles meinem guten Gewissen zuliebe tun, und alles wie vor den Augen des ganzen Volkes, was ich nur mit mir selbst als Zeugen tue. Mit Essen und Trinken will ich aufhören, sobald das natürliche Bedürfnis gestillt ist, nicht um den Bauch anzufüllen und auszuleeren. Gegen Freunde will ich gefällig sein, gegen Feinde mild und umgänglich; ich will gewähren, ehe ich gebeten werde; anständigen Bitten will ich entgegenkommen. Ich will nie vergessen, dass die ganze Welt mein Vaterland ist und die Götter es regieren, die über mir stehen und um mich sind als Richter über meine Worte und Taten. Und sobald einmal die Natur meinen Geist zurückfordert oder ich ihn nach reiflicher Überlegung selbst zurückgebe, will ich den irdischen Schauplatz verlassen mit dem Zeugnis, dass ich ein gutes Gewissen geliebt habe und ein edles Bestreben sowie dass durch mich keines Menschen Freiheit beeinträchtigt worden sei, am wenigsten meine eigene.«

Wer sich vornimmt, so zu handeln, es will, es versucht, der geht den Weg zu den Göttern, ja auch wenn er ihn nicht einhalten konnte,

erlag er doch mächtigem Wagnis.[90]

Ihr freilich, die ihr die Tugend und ihre Verehrer hasst, ihr tut damit nichts Ungewöhnliches; kranke Augen scheuen ja auch das Sonnenlicht, und Nachttieren ist der helle Tag zuwider; bei seinen ersten Strahlen werden sie ganz starr, suchen da und dort ihre Schlupfwinkel auf und verbergen sich lichtscheu in Spalten und Löchern. Knurrt nur und übt eure schlimme Zunge an den Guten, schmäht sie, reißt den Rachen auf, beißt nach ihnen; eher werdet ihr euch die Zähne ausbeißen als sie ihnen eindrücken.

21. »Warum beschäftigt sich der mit Philosophie und lebt dabei als reicher Mann? Warum lehrt er, man müsse irdische Güter gering achten, und besitzt sie doch? Das Leben

soll man verachten, und doch lebt er; auch nach der Gesundheit soll man nicht viel fragen, und doch pflegt er sie sorgfältig und wünscht sie sich möglichst gut. Die Verbannung nennt er ein leeres Wort und sagt: Was ist das schon Schlimmes, in einer anderen Gegend zu leben? Und doch wird er wenn möglich in seinem Vaterland alt. Ferner sagt er, es sei kein Unterschied, ob man länger oder kürzer lebe, dehnt aber, wenn ihn nichts hindert, sein Leben möglichst aus und genießt es, im hohen Alter noch bei Kräften zu sein.« Gewiss, aber er lehrt ja nur die Geringschätzung dieser Dinge; er sagt nicht, man dürfe sie gar nicht haben, sondern nur, man solle sein Herz nicht daran hängen; er jagt sie nicht von sich weg, lässt sie aber ruhig ziehen, wenn sie ihn verlassen. Wo könnte denn das Geschick den Reichtum sicherer anlegen als bei einem Mann, von dem es ihn ohne Klage jeweils wieder zurückbekommen kann? Marcus Cato pries den Curius und Coruncanius[91] und jenes Zeitalter, wo wegen des Besitzes von einigen Silberstückchen der Zensor einschritt; er besaß aber selber vierzig Millionen Sesterzen; weniger zwar als Crassus, aber doch mehr als Cato Censorius. Vergleicht man, so übertraf sein Vermögen das seines Urgroßvaters um vieles mehr als der Besitz des Crassus den seinigen. Und wenn ihm noch größerer Reichtum zugefallen wäre, er hätte ihn auch nicht zurückgewiesen. Der Weise hält sich ja der Gaben des Glückes durchaus nicht für unwürdig. Er liebt den Reichtum nicht, aber er zieht ihn immerhin vor; er nimmt ihn nicht in sein Herz auf, aber in sein Haus; er verschmäht ihn nicht, wenn er ihn hat, sondern hält ihn zusammen und hat es nicht ungern, wenn er zur Ausübung seiner Tugend auch über größere Mittel verfügen kann.

22. Zweifellos hat der Weise, wenn er Vermögen besitzt, mehr Mittel, sich seiner Gesinnung gemäß zu entfalten, als wenn er arm ist. Bei der Armut kann die Tugend sich nur auf eine Art zeigen, nämlich sich nicht in die Knie zwingen und nicht entmutigen zu lassen; beim Reichtum öffnet sich ein weites Feld für eine maßvolle, freigebige, sorgfältig überlegte und großzügige Art der Verwendung. – Der Weise wird sich nicht verachten, auch wenn er recht klein von Statur ist, doch wird ihm ein hoher Wuchs lieber sein; auch wenn er einen schwächlichen Körper hat und einäugig ist, kann er sich wohlbefinden, doch wird er körperliche Kraft vorziehen; dabei wird er nie vergessen, dass er etwas Stärkeres in seinem Innern hat. Einen schlechten Gesundheitszustand wird er ertragen, ein guter aber wird ihm lieber sein. Mag manches auch im Hinblick auf das Wesentliche unbedeutend und ohne Schaden für das höchste Gut zu verschmerzen sein, so trägt es doch etwas zu einer beständigen Heiterkeit bei, wie sie aus der Tugend entspringt. So stimmt der Reichtum den Weisen heiter, wie den Seereisenden ein günstiger Fahrtwind, wie ein schöner Tag und in frostiger Winterzeit ein sonniges Plätzchen.

Welcher Weise – ich rede von den Unsrigen, die die Tugend für das einzige Gut halten – wird ferner in Abrede stellen, dass auch die Dinge, die wir belanglos nennen, doch einigen Wert haben und die einen den andern vorzuziehen sind? Einige dieser Dinge werden bis zu einem gewissen Grad geschätzt, andere sehr; zu letzteren gehört – da darfst du dich nicht täuschen – der Reichtum. »Warum also«, wendest du ein, »hältst du dich über mich auf, wenn ich ihm den gleichen Rang anweise wie du?« Willst du wissen, inwieweit er bei mir eben nicht den gleichen Rang einnimmt? Mir entgeht mit dem Reichtum, wenn ich ihn verliere, nichts als er selbst; du aber wirst wie betäubt sein und glauben, dich selbst verloren zu haben, wenn du ihn verlierst. Bei mir gilt der Reichtum nicht mehr als vieles andere, bei dir hat er den ersten Platz; schließlich und endlich: Ich besitze ihn, du wirst von ihm besessen.

23. Hör also auf, den Philosophen den Besitz des Geldes zu verbieten; niemand hat die Weisheit zur Armut verdammt. Ein Philosoph kann große Schätze haben, aber sie sind niemand genommen worden, sie sind nicht blutbefleckt, sie sind ohne Unrecht und schmutzigen Gewinn erworben, die Ausgabe ist so reell wie die Einnahme, niemand kann sich darüber aufregen, außer etwa ein Missgünstiger. Häufe sie beliebig an, sie sind rechtmäßig; mag vieles dabei sein, was jeder das Seine nennen möchte, so gibt es doch nichts, was jemand als sein Eigentum bezeichnen könnte. Die Freigebigkeit des Glücks wird der Weise nicht von sich weisen, und eines ehrlich erworbenen Vermögens wird er sich weder rühmen noch schämen. Doch wird er etwas haben, dessen er sich rühmen könnte: wenn er nämlich sein Haus öffnet und die ganze Bürgerschaft vor seine Habe hintreten lässt und dabei sagen kann: »Was einer als sein Eigentum erkennt, das nehme er mit!« Der ist ein großer und mit Fug und Recht ein reicher Mann, wenn er nach dieser Aufforderung noch genauso viel hat wie vorher! Das meine ich: Wenn er ungefährdet und unbesorgt dem Volk eine Prüfung und Untersuchung gestattete und niemand bei ihm etwas fand, worauf er die Hand legen konnte, dann darf er kühn und offen vor aller Welt reich sein. Der Weise lässt keinen ungerecht erworbenen Denar über seine Schwelle kommen, aber er wird auch große

Schätze, Gaben des Glücks oder Früchte seiner Tugend, nicht verschmähen und ihnen den Zugang nicht verwehren. Warum sollte er ihnen einen guten Platz nicht gönnen? Sie sollen ruhig kommen und als Gäste da sein. Er wird weder mit ihnen prahlen noch sie verstecken; das eine wäre ein Zeichen von dummem Stolz, das andere ein Beweis von ängstlichem, kleinlichem Sinn, als hielte man etwas Wertvolles in der Tasche versteckt. Aus dem Haus werfen wird der Weise den Reichtum wie gesagt nicht; da müsste er ja entweder sagen: »Du bist unnütz« oder: »Ich weiß Reichtum nicht zu gebrauchen«. Wie er lieber einen Wagen besteigt, wenn er einen Weg wohl auch zu Fuß zurücklegen könnte, so wird er als Armer, wenn er reich werden kann, dies auch wollen. Er wird daher Reichtümer besitzen, aber gerade wie unbeständige und leicht wegfliegende Dinge werden sie ihm sein, und er wird nicht zulassen, dass sie irgendeinem anderen noch ihm selbst eine Bürde sind.

Schenken wird er – was spitzt ihr die Ohren und öffnet schon eure Taschen? – schenken wird er guten Menschen oder solchen, die er damit gut machen kann. Er wird dabei mit gründlicher Überlegung die Würdigsten auswählen, wobei er bedenkt, dass man vom Geben wie vom Nehmen Rechenschaft ablegen muss. Schenken wird er, wenn es recht und billig ist, denn ein verfehltes Geschenk ist ein übler Verlust. Er wird offene Taschen haben, aber keine durchlöcherten; vieles wird aus ihnen herausgehen, nichts herausfallen.

24. Man irrt sich, wenn man meint, das Schenken sei eine leichte Sache. Es gibt dabei eine Menge Schwierigkeiten, wenn man mit Bedacht und Überlegung austeilen und nicht nach Zufall und Laune verschleudern will. Um den

einen mache ich mich von mir aus verdient, dem andern statte ich meinen Dank ab; den einen unterstütze ich, des andern erbarme ich mich; dem einen steuere ich bei, weil er es wert ist, dass ihn die Armut nicht herabwürdigt und niederdrückt, einigen gebe ich nichts, obwohl sie Mangel haben, weil sie doch nie aus dem Mangel herauskämen, auch wenn ich ihnen gäbe; manchen werde ich eine Unterstützung anbieten, einigen sogar aufdrängen. Ich kann in dieser Sache nicht nachlässig sein; niemals führe ich genauer Buch, als wenn ich schenke. »Wie«, sagst du, »du schenkst in dem Gedanken, es wiedererstattet zu bekommen?« Nein, aber auch nicht, um es ganz zu verlieren. Mein Geschenk soll da niedergelegt sein, wo es nicht zurückverlangt werden soll, aber vergolten werden kann. Eine Wohltat muss angelegt werden wie ein tief vergrabener Schatz, den man nicht hervorholt, außer im Falle der Not.

Welch reiche Gelegenheit zum Wohltun hat das Haus eines reichen Mannes! Wer wollte denn die Freigebigkeit auf römische Bürger beschränken? Den Menschen zu nützen befiehlt mir die Natur; ob es Sklaven seien oder Freie, Freigeborene oder Freigelassene, gesetzlich oder unter Freunden Freigewordene[92] – das macht keinen Unterschied. Wo nur immer ein Mensch ist, da hat man Gelegenheit, Gutes zu tun. Der Besitzende kann sein Geld daher auch im eigenen Haus verteilen und Freigebigkeit üben, die ihren Namen nicht davon hat, dass man sie Freien schuldig wäre, sondern weil sie einer freien Seele entstammt. Sie wird bei dem Weisen nie verschleudert an Schändliche und an Unwürdige und hat sich nie auf Irrwegen so erschöpft, dass sie nicht, sooft sie einen Würdigen findet, gleichsam aus dem Vollen strömen könnte.

Es gibt also keinen Grund, dass ihr das verkehrt auffasst, was diejenigen, die nach Weisheit streben, ehrlich, tapfer und mutig aussprechen. Und bedenkt das zuerst: nach Weisheit streben oder sie schon haben, ist zweierlei. Jener wird sagen: Ich weiß ganz schön zu reden, stecke aber noch tief im Argen. Du darfst mich nicht an meinem Ideal messen, ich arbeite und bilde noch nach Kräften an mir und strebe einem hohen Vorbild nach; bin ich einmal so weit, wie ich es mir vorgenommen habe, dann kannst du verlangen, dass mein Tun den Worten entspreche. Wer aber bereits die höchste Stufe menschlicher Vollkommenheit erreicht hat, der wird anders mit dir umgehen und wird sagen: Erstens solltest du dir nicht erlauben, über Bessere ein Urteil zu fällen; ich bin schon so weit, dass ich den Schlechten missfalle: ein Beweis, dass ich auf dem rechten Wege bin. Um dir aber Rechenschaft zu geben, was ich keinem Menschen verweigere, so höre, wozu ich mich bekenne und was für Begriffe ich von dem Wert der Dinge habe. Den Reichtum erkläre ich nicht für ein Gut; wäre er das, so müsste er die Menschen gut machen; weil nun aber das kein Gut ist, was auch die Schlechten haben, deshalb verweigere ich ihm diesen Namen. Im Übrigen gebe ich zu, dass man Reichtum haben darf, dass er nützlich ist und große Vorteile im Leben gewährt.

25. Hört weiter, warum ich den Reichtum nicht für ein Gut halte und was ich anderes damit leiste als ihr, da wir doch beide zugeben, man dürfe ihn haben. Bringe mich in das reichste Haus, wo man Gold und Silber zum alltäglichen Gebrauch hat: Ich werde mir nichts darauf einbilden, denn mag das alles auch bei mir sein, so ist es doch außerhalb von mir. Bringe mich auf die »hölzerne Brücke« und

stelle mich unter die Bettler: ich werde mich deswegen nicht verachten, weil ich nun unter Leuten sitze, die die Hand nach Almosen ausstrecken. Denn was liegt daran, keinen Bissen Brot zu haben, wenn ich die Freiheit habe, aus dem Leben zu gehen, wann ich will? Sicher, ich ziehe das prunkvolle Haus der genannten Brücke vor. Versetze mich in eine glänzende Einrichtung mit aller Pracht und Eleganz: Ich werde mich nicht für glücklicher halten, weil ich mir ein weiches Kissen unterlegen kann und weil meine Gäste sich auf Purpur niederlassen können. Tausche meine Unterlage aus: Ich werde keineswegs unglücklicher sein, wenn mein müdes Haupt auf einem Heubündel ruht oder wenn ich auf einem Polster liege, wie man sie im Zirkus verwendet, wo durch die schadhaften Nähte der brüchigen Leinwand die Füllung herausquillt. Wie nun? Lieber will ich meine Gesinnung zeigen in anständiger Kleidung von gutem Stoff als mit nackten oder mit lumpenbedeckten Schultern. Ginge es mir jeden Tag nach Wunsch und reihte sich ein Freudenfest an das andere: Ich werde deswegen nicht selbstgefällig werden. Lass dieses günstige Geschick ins Gegenteil umschlagen, lass mein Gemüt von allen Seiten von Verlust, Trauer und allen möglichen Schicksalsschlägen erschüttert werden, mag jede Stunde mir Stoff zum Klagen bringen, ich werde mich doch mitten im Elend nicht elend nennen und keinen Tag deswegen verfluchen; denn von meiner Seite ist dafür gesorgt, dass es für mich keinen schwarzen Tag geben kann. Doch will ich mich lieber in der Freude mäßigen als den Schmerz bezwingen müssen.«

So wird auch ein Mann wie Sokrates zu dir sagen: »Mache mich zum Sieger über alle Völker, der prächtige Wagen des Bacchus führe mich als Triumphator vom Aufgang der Sonne bis nach Theben.[93] Könige sollen von mir Recht und Gesetz erbitten: Wenn man mich überall als Gott begrüßt, gerade dann werde ich mir am meisten bewusst sein, dass ich ein Mensch bin. – Zu dieser schwindelnden Höhe denke dir nun einen plötzlichen Wechsel: auf ein Traggestell für Kriegsbeute gesetzt, bestimmt, den Triumph eines wilden, stolzen Siegers zu verherrlichen – ich werde mir nicht geringer vorkommen, wenn ich hinter dem fremden Wagen hergeführt werde, als damals, als ich auf meinem eigenen gestanden hatte. Und doch wollte ich lieber der Sieger sein als der Gefangene. Das ganze Reich des Zufalls will ich gering achten; wenn mir aber die Wahl gelassen wird, wähle ich mir das Bessere. Was auch auf mich zukommt, das muss gut sein, doch ist mir das Leichtere und Angenehmere lieber und das, was einem weniger zu schaffen macht.

Ohne Anstrengung ist zwar keine Tugend zu erlangen, das darfst du nicht glauben, doch die eine braucht eher die Sporen, die andere den Zügel. Wie ein Körper auf abschüssigem Grund angehalten, steil aufwärts aber angetrieben werden muss, so sind die einen Tugenden auf abschüssigem Gelände, die andern klimmen von unten herauf. Ohne Zweifel wird die Geduld, Seelenstärke, Beharrlichkeit und jede andere Tugend, die sich den Widrigkeiten entgegenstellt und das Geschick bezwingen will, emporstreben, sich entgegenstemmen und kämpfen. Und ist es nicht ebenso offenkundig, dass Freigebigkeit, Mäßigung und Freundlichkeit mehr abwärtsgerichtet sind? Denn hier muss man sich zurückhalten, um sich nicht zu überstürzen, dort ermuntert und spornt man sich tüchtig an. Bei der Armut müssen wir daher die energischeren Tugenden anwenden, diejenigen, die zu kämpfen verstehen; beim Reichtum dagegen die vorsichtigeren, die ihren Schritt behutsam setzen und die eigene Last im Gleichgewicht halten.

Da dieser Unterschied nun einmal besteht, sind mir die Tugenden lieber, die man geruhsamer üben kann, als die, welche Blut und Schweiß kosten. Somit lebe ich nicht anders, sagt der Weise, als ich rede: Ihr versteht es nur anders. Der Schall der Worte dringt an euer Ohr; nach der Bedeutung fragt ihr nicht.«

26. »Was ist also für ein Unterschied zwischen uns: Beide wollen wir etwas haben, und doch soll ich ein Tor sein, du ein Weiser?« Ein sehr großer Unterschied! Bei dem Weisen nämlich ist der Reichtum der Diener, bei dem Toren herrscht er; der Weise gestattet dem Reichtum nichts, euch der Reichtum alles. Ihr gewöhnt euch daran und hängt an ihm, als sei er euch als ewiger Besitz versprochen; der Weise denkt gerade dann am meisten an die Armut, wenn er rings umgeben ist von Reichtum. Nie traut ein Feldherr dem Frieden so sehr, dass er sich nicht für den Krieg gerüstet hielte, der, wenn er auch noch nicht geführt wird, so doch schon erklärt ist. Ein schönes Haus macht euch überheblich, als ob es nicht abbrennen oder einstürzen könnte; ihr erstarrt vor Staunen angesichts von Schätzen, als ob sie gar nicht in Gefahr kommen könnten und größer wären, als dass das Schicksal sie mit seiner Macht vernichten könnte. Müßig spielt ihr mit eurem Reichtum und habt keinen Blick für seine Gefährdung. Es geht euch wie so oft den Barbaren bei einer Belagerung: Obwohl ringsum eingeschlossen, schauen sie den Bemühungen der Belagerer untätig zu, weil sie die Belagerungsmaschinen nicht kennen und nichts wissen von der Wirkung dessen, was da in weiter Entfer-

nung errichtet wird. So geht es euch: Ihr träumt so dahin in eurem Besitz und bedenkt nicht, wie das Schicksal euch von allen Seiten her vielfach bedroht und schon im nächsten Augenblick bei euch reiche Beute machen kann. Mag aber auch dem Weisen sein Reichtum genommen werden: Sein wahres Eigentum muss ihm bleiben, ein Leben, froh in der Gegenwart, unbekümmert um die Zukunft.

Ein Sokrates oder wer sonst wie er gegen menschliche Zufälle gewappnet und sein eigener Herr ist, kann sagen: »In nichts bin ich fester als in der Überzeugung, mein Leben nicht nach euren Meinungen zu richten. Überschüttet mich von allen Seiten mit den gewohnten Redereien: ich werde sie nicht als Vorwurf empfinden, sondern nur wie das Jammern von quengeligen kleinen Kindern.« So wird derjenige sprechen, dem die Weisheit zuteil geworden ist, dem ein von allen Fehlern geläuterter Geist befiehlt, andere zu schelten, nicht weil er sie hasst, sondern weil er sie heilen möchte. Er wird noch hinzusetzen: »Eure Einstellung kümmert mich nicht um meinetwillen, sondern um euretwegen: Wer die Tugend hasst und angreift, der hat aller Hoffnung auf Besserung abgeschworen. Mir könnt ihr kein Unrecht antun, so wenig wie den Göttern die Leute, die Altäre umstürzen; aber der böse Vorsatz und die böse Absicht treten auch dann zu Tage, wenn sie keinen Schaden anrichten können. So ertrage ich eure Faseleien, wie Jupiter Optimus Maximus, der allgütige und allmächtige, die Albernheiten der Dichter erträgt, von denen der eine ihm Flügel angedichtet hat, der andere ihm Hörner aufsetzte, wieder einer ihn als Ehebrecher und Nachtschwärmer darstellte oder als grausam gegen die Götter, ungerecht gegen die Menschen, als Verführer geraubter und dazu noch mit ihm verwandter Freigeborener, ja als Vatermörder und als Räuber einer fremden, und zwar der väterlichen Herrschaft. Das führte zu nichts anderem, als dass den Menschen die Scheu genommen wurde, sich zu vergehen, wenn sie an solche Götter glaubten. Mir macht Derartiges nichts aus; um euretwillen aber ermahne ich euch: Achtet die Tugend hoch! Glaubt denen, die ihr schon lange nachstreben und die euch laut verkünden, sie folgten etwas Großem, was sich von Tag zu Tag als immer bedeutender erweist. Ehrt sie selbst wie die Götter und ihre Jünger wie die Priester. Sooft ihr heiliger Name ausgesprochen wird, sollt ihr ehrerbietig stillschweigen.« – Der Ausdruck *favete linguis* ist nicht, wie man zumeist annimmt, von *favor* im Sinne einer Beifallsbezeugung abgeleitet, sondern es wird damit Stillschweigen anbefohlen, damit das Opfer dargebracht werden könne, wie es sich gebührt, von keinem unheilvollen Wort unterbrochen.

Und noch viel notwendiger ist es, *euch* zu gebieten, achtsam und ganz still zu lauschen, sooft von jenem Orakel ein Spruch ausgeht. Wenn einer die Klapper schüttelt und dabei Lügen vorträgt, wie man es ihm anbefohlen hat, wenn einer, der im Aufritzen der Arme Meister ist, die Hände erhebt und Arme und Schultern blutig macht, wenn eine auf den Knien die Straße entlangrutscht und ein Geheul erhebt und ein Greis, in Leinwand gekleidet, den Lorbeer trägt und eine Laterne am hellen Tag, mit dem Ruf, irgendein Gott sei erzürnt, da lauft ihr zusammen und horcht und indem einer des andern Staunen vermehrt, versichert ihr, aus dem Mann rede die Gottheit.«[94]

27. Seht, von dem Kerker aus, den er durch seinen Eintritt gereinigt und zu höheren Ehren gebracht hat als jede

Kurie, ruft euch Sokrates zu: »Was ist das für ein Wahnsinn, was ist das für ein Göttern und Menschen feindseliges Wesen, dass ihr die Tugenden in den Schmutz zieht und Heiliges mit Lästerworten entweiht? Lobt die Rechtschaffenen, wenn ihr es vermögt; wo nicht, so lasst sie in Ruhe. Müsst ihr eure schändliche Frechheit unbedingt austoben, dann geht aufeinander los, denn wenn ihr gegen den Himmel wütet, so will ich nicht sagen, ihr begeht eine Gotteslästerung, aber: Ihr bemüht euch vergeblich. Ich bot einst dem Aristophanes Stoff zu seinen Witzeleien,[95] und die ganze Schar der Komödiendichter hat ihre giftige Lauge des Spottes über mich ergossen. Doch gerade durch diese Angriffe wurde meine Tugend verherrlicht; es gereicht ihr zum Gewinn, ans Licht gestellt und geprüft zu werden, und niemand lernt ihren Wert besser kennen, als wer ihre Kräfte bei einer Herausforderung zu spüren bekam. Wie hart Granit ist, weiß der am besten, der ihn zu zerschlagen hat. Ich biete mich dar wie ein einzelner Fels in einem Meer voller Untiefen, an den die aufgewühlten Wogen von allen Seiten unaufhörlich anbranden, ohne ihn von seinem Platz zu bewegen oder im Lauf der Zeiten durch ihren steten Ansturm zu vernichten. Stürmt an, macht einen Angriff; durch Standhalten werde ich euch besiegen. Wer gegen unüberwindlich Festes anrennt, übt seine Kraft nur zum eigenen Schaden. Schaut euch lieber um nach einem weichen Stoff, der nachgibt, in den ihr eure Geschosse einbohren könntet! Und ihr habt nichts anderes zu tun als die Fehler anderer aufzuspüren und über irgendjemand zu Gericht zu sitzen? ›Warum hat dieser Philosoph ein so luxuriöses Haus, warum tafelt der da so exquisit?‹ An anderen seht ihr jedes Hitzebläschen, während ihr selbst mit zahllosen Geschwüren übersät seid.[96] Das kommt mir vor, wie wenn einer sich lustig machen wollte über ein Muttermal oder eine Warze an einem sonst tadellos schönen Körper, während er selber von böser Krätze zerfressen wird. Werft dem Platon vor, er habe Geld verlangt für seinen Unterricht, dem Aristoteles, er habe welches angenommen, dem Demokrit, er habe nichts danach gefragt, dem Epikur, er habe es ausgegeben; mir selbst mögt ihr den Umgang mit Alkibiades und Phaidros[97] zum Vorwurf machen. Wie glücklich wärt ihr, wenn es euch nur erst gelänge, unsere Fehler nachzuahmen! Warum seht ihr nicht zuerst auf eure eigenen Gebrechen, die euch tausendfach anhaften, teils von außen stechend, teils innerlich brennend. Es steht im Menschenleben nicht so, auch wenn ihr euren eigenen Zustand verkennt, dass ihr Zeit genug hättet, eurer Zunge freien Lauf zu lassen gegen Leute, die besser sind als ihr.

28. Das seht ihr nicht ein und tragt eine Miene zur Schau, die zu eurer Lage gar nicht passt, wie so viele, die ruhig im Zirkus oder im Theater sitzen, während sie daheim schon ein Trauerhaus erwartet, ein Unglück, das ihnen noch nicht gemeldet wurde. Ich aber sehe von meiner Warte aus schon, welche Unwetter euch drohen, die bald die Wolken durchbrechen oder schon ganz nahe herangezogen sind, um euch und eure Habe hinwegzuraffen. Und treibt nicht auch jetzt schon, auch wenn ihr es noch kaum spürt, eine Art Wirbelwind euch im Kreise herum und verwirrt euch, so dass ihr das Gleiche zugleich flieht und sucht und bald in die Höhe gehoben, bald in die Tiefe hinabgeschleudert werdet?« […]

(Der fehlende Schluss ist nicht überliefert.)

Von der Vorsehung

(*De providentia*)

1. Du hast die Frage an mich gerichtet, lieber Lucilius:[98] Wenn doch die Welt von der Vorsehung geleitet wird, wie kommt es da, dass den Guten so viel Unheil widerfährt? Besser wohl würde diese Frage in einem zusammenhängenden Werk besprochen, in dem der Beweis geführt würde, dass die Vorsehung das ganze Weltall leitet und die Gottheit Anteil an uns nimmt. Weil du aber wünschst, dass ich von dem ganzen Stoff etwas Einzelnes herausnehme und den einen Widerspruch kläre, ohne die anderen Streitfragen zu berühren, so will ich es unternehmen und es wird nicht schwer sein, das zu tun: Ich will die Sache der Götter vertreten. Es ist überflüssig für den gegenwärtigen Zweck, zu zeigen, dass ein so großes Werk nicht ohne einen Lenker bestehen könne und der regelmäßige Gang der Gestirne nicht Folge eines zufälligen Anstoßes sei, da alles zufällig Bewegte oft in Unordnung gerät und rasch aneinanderstößt; und dass dieser ununterbrochene schnelle Lauf mit einer solchen Fülle von Dingen zu Wasser und zu Lande, mit den vielen hellen und nach festgesetzter Regel zurückstrahlenden Lichtern nach einem ewigen Gesetz geordnet sei; dass ein regelloser Stoff sich nicht selber so ordnen könne; dass, was zufällig zusammengekommen, nicht so kunstvoll im Gleichgewicht verharren könnte, dann dass die schwere Erdmasse unbeweglich festsäße und auf die schnelle Bewegung des sich um sie drehenden Himmels blickte, dass die Meere, die sich in tiefere Stellen der Erde ergießen, die Länder befeuchten, ohne von den Flüssen einen Zuwachs zu verspüren, und dass aus winzigen Samen riesig Großes erwächst. Selbst das, was regellos und

unberechenbar zu sein scheint, ich meine Regen, Wolken, das Einschlagen der Blitze, aus geborstenen Berggipfeln ausströmendes Feuer, Erschütterungen des wankenden Erdbodens und was irgend sonst von den turbulenten Elementen in der Natur rings um die Erde in Bewegung gesetzt wird, auch das erfolgt nicht ohne Gesetz, wenn es auch unerwartet kommt. Auch das hat seine Ursachen, ebenso wie die scheinbaren Wunderdinge, die man an anderen Orten sieht, z. B. warme Quellen inmitten der Fluten und neue Inselräume, die mitten aus dem weiten Meer auftauchen. Beobachtet man ferner, dass die Ufer, wenn das Meer sich zurückzieht, nackt daliegen und in kurzer Zeit wieder überflutet werden: Da glaubt man wohl, das sei eine durch blinden Zufall entstehende Strömung, die die Wogen bald zusammenzieht und sie meerwärts treibt, sie dann wieder hervorbrechen und in mächtiger Strömung ihren früheren Platz wieder einnehmen lässt. Dabei ist es so, dass die Wogen nach und nach gleichmäßig anwachsen und auf Tag und Stunde genau nach oben steigen, bald größer, bald kleiner werden, je nachdem der Mond auf sie einwirkt, nach dessen Einfluss der Ozean flutet. An seinem Ort wird davon die Rede sein, nicht hier; du zweifelst ja nicht an der Vorsehung im Allgemeinen, sondern du beklagst dich über sie.

Ich will dich aussöhnen mit den Göttern, die gegen die Guten ganz gutgesinnt sind. Das kommt überhaupt in der gesamten Natur nicht vor, dass jemals das Gute dem Guten schadet. Gott und gute Menschen sind durch das Band der Tugend freundschaftlich miteinander verbunden. Ja mehr als Freundschaft besteht zwischen beiden: Verwandtschaft, Ähnlichkeit. Der Gute ist nur durch die Zeitlichkeit von

Gott verschieden; er ist sein Schüler, Nachahmer, wahrer Abkömmling; und er, der erhabene Vater, treibt ihn mit Ernst zur Tugend an und erzieht ihn ziemlich hart, nach strenger Väter Art. Siehst du, dass tüchtige, den Göttern genehme Menschen sich abmühen müssen und im Schweiße ihres Angesichtes auf steilen Pfaden emporklimmen, während Schlechte schwelgen und ihren Genüssen frönen, so bedenke, dass ja auch uns an unseren Söhnen gutes Benehmen erfreut, Mutwille nur an Sklavenkindern, dass jene durch strenge Zucht in der Ordnung gehalten werden, während man die Keckheit der anderen noch ermuntert. Die gleiche Vorstellung musst du dir von Gott machen: Er verzärtelt einen tüchtigen Menschen nicht, er erprobt ihn, härtet ihn ab, formt ihn, wie er ihn haben will.

2. »Warum begegnet den Guten viel Widriges?« Etwas Schlimmes kann einem guten Menschen nicht begegnen. Gegensätze vermischen sich nicht. Wie die vielen Flüsse, die Regengüsse, die Fülle von Heilquellen den Geschmack des Meerwassers nicht verändern, ja nicht einmal abschwächen, so ändert der Ansturm widrigen Geschicks die Gesinnung eines tüchtigen Menschen nicht. Er bleibt fest stehen, und was geschieht, wendet er zu seinem Vorteil. Denn er ist mächtiger als alles, was von außen herankommt; ich sage nicht, er empfindet es gar nicht, aber er besiegt es; und, wie sonst auch, ruhig und gelassen, erhebt er sich mutig gegen alles, was auf ihn anstürmt. Alles Widrige betrachtet er als eine Übung. Wird nicht jeder, wenn er nur ein ehrenhafter Mensch ist, nach angemessener Bewährung verlangen und zu jeglichem Dienst bereit sein, auch wenn Gefahr damit verbunden ist? Ist nicht das Nichtstun jedem Tätigen eine Strafe? Die Athleten, die ihre Kräfte trainieren

wollen, kämpfen, wie wir sehen, immer mit den Stärksten und verlangen von denen, die sie für den Wettkampf trainieren, dass diese all ihre Kraft gegen sie anwenden; sie lassen sich hauen und quälen, und wenn sie nicht Einzelne finden, die ihnen gewachsen sind, dann stellen sie sich mehreren zugleich entgegen. Die Tugend erschlafft, wenn sie keinen Gegner hat. Aber wenn sie im Dulden ihre Kraft erprobt, dann zeigt sie in hellem Licht, was sie kann und vermag. So, musst du wissen, dürfen auch tüchtige Menschen Hartes und Schweres nicht scheuen noch sich über das Schicksal beklagen. Was auch kommt, sie sollen es für gut ansehen oder zum Guten wenden. Nicht darauf kommt es an, *was* man trägt, sondern *wie* man es trägt.

Siehst du nicht, wie die Zärtlichkeit eines Vaters anders ist als die einer Mutter? Der Vater hält die Kinder schon früh am Morgen zu ihren Studien an und lässt sie auch an Feiertagen nicht unbeschäftigt; er presst ihnen Schweiß, zuweilen sogar Tränen ab. Die Mutter dagegen will die Kinder auf dem Schoß behalten und im Schatten, sie sollen nie betrübt sein, niemals weinen, nie sich abmühen. Gott nun ist gegen die Guten väterlich gesinnt und liebt sie wie ein strenger Vater. »Durch Anstrengungen«, sagt er, »Schmerzen und Verlust sollen sie rege gemacht werden, damit sie rechte Kraft gewinnen.« Schlaff ist, was durch Untätigkeit fett geworden ist, und es versagt nicht erst bei Anstrengung, sondern schon durch Bewegung und die eigene Körperschwere. Unangefochtenes Glück hält keinen einzigen Schlag aus; wer aber beständig mit Widrigem kämpfen muss, der bekommt allmählich durch die Schläge eine harte Haut und gibt keinem Übel nach; selbst wenn er gestürzt ist, kämpft er noch kniend weiter. Wunderst du dich, dass Gott, der die Guten so sehr lieb hat und sie recht vorzüglich haben will, ihnen ein Los zuteilt, durch das sie geübt werden sollen? Mich wundert es nicht, dass die Götter zuweilen den Drang verspüren, große Männer im Kampf mit einem widrigen Schicksal zu schauen. Uns macht es ja auch manchmal Vergnügen, wenn ein junger Mann mutig und standhaft ein anstürmendes wildes Tier mit dem Jagdspeer abfängt oder unerschrocken dem Angriff eines Löwen standhält,[99] und der Anblick ist uns umso lieber, je ehrenvoller er seine Sache ausficht. Derartiges kann freilich den Blick der Götter nicht auf sich ziehen, es ist kindisch, seichte Unterhaltung der Menschen. Aber sieh, das ist ein Schauspiel, wert, dass ein Gott, der auf seine Werke achtet,[100] es betrachte, ein Kämpferpaar, eines Gottes würdig: ein tapferer Mann, einem bösen Geschick gegenübergestellt, zumal wenn er es auch noch herausgefordert hat. Ich sehe nichts, meine ich, was Jupiter Schöneres auf der Erde finden könnte, wenn er auf sie blicken will, als einen Cato, der, obwohl seine Partei mehrmals unterlag, dennoch fest und aufrecht dasteht, inmitten der Trümmer des Staates. »Mag alles der Herrschaft eines Einzigen unterworfen sein«, sagt er, »mögen die Länder von Legionen, die Meere von Flotten beherrscht sein, mögen Caesars Truppen die Tore besetzt halten: Cato weiß einen Ausweg. Mit *einer* Hand wird er der Freiheit einen breiten Weg bahnen. Dieses Schwert, auch im Bürgerkrieg rein und makellos geblieben, wird schließlich noch ein gutes und edles Werk vollbringen: Die Freiheit, die es dem Vaterland nicht erobern konnte, wird es dem Cato geben. Greife an, mein Geist, das lange schon geplante Werk; reiße dich los von der Menschenwelt. Petreius und Juba[101] haben schon die

Schwerter gegeneinander gezückt, und beide sind gefallen, jeder von des andern Hand getroffen. Ein mannhafter, herrlicher Todesbund; und doch geziemt er sich nicht für meine Größe; gleich schimpflich wäre es für Cato, jemand um den Tod zu bitten wie um das Leben.« Gewiss haben die Götter es mit Freuden angesehen, wie dieser Mann, sein eigener strengster Richter, noch auf das Wohl der anderen bedacht war, wie er für einen geordneten Abzug der Flüchtenden sorgte, wie er dann selbst in seiner letzten Nacht noch seine philosophischen Studien betrieb und danach sich das Schwert in die treue Brust stieß, wie er seine Eingeweide zerriss und seine erhabene Seele, die das Schwert nicht berühren durfte, mit eigener Hand herausführte. Darum war wohl, so möchte ich glauben, die Verwundung nicht treffsicher und ganz tödlich: Es genügte den Göttern nicht, den Cato *einmal* zu sehen; seine Mannhaftigkeit wurde zurückgehalten und zurückgerufen, um sich in einer noch schwierigeren Aufgabe zu bewähren. Denn es gehört mehr Heldenmut dazu, zweimal sich den Tod zu geben als einmal. Sollten sie ihren Zögling nicht mit Wohlgefallen sehen, der so herrlich und ruhmreich endete? Der Tod heiligt diejenigen, deren Ende selbst solche preisen, die sich davor fürchten.

3. Doch ich will nun im weiteren Verlauf meiner Ausführungen zeigen, dass die Dinge, die man gewöhnlich als Übel ansieht, es in Wirklichkeit gar nicht sind. Ich sage nun Folgendes: Was du schwer, widrig, verwünschenswert nennst, ist erstens denen selbst heilsam, denen es widerfährt, und zweitens heilsam für die Menschheit im Ganzen, für die die Götter mehr sorgen als für den Einzelnen. Ferner: Es widerfährt ihnen nicht gegen ihren Willen;

wollten sie es nicht, so verdienten sie, dass sie ein schlimmes Geschick erleiden. Das Schicksal bringt es so mit sich, das will ich noch hinzufügen, und es trifft die Guten nach demselben Gesetz, nach dem sie gut sind. Endlich will ich dich überzeugen, dass du nie einen Rechtschaffenen zu bemitleiden brauchst, denn man kann ihn bemitleidenswert nennen, aber er kann es nicht sein.

Das Schwierigste von allem, was ich vorgebracht habe, scheint meine erste Behauptung zu sein: Für diejenigen, denen es widerfährt, sei gerade das gut, was wir scheuen und fürchten. »Für sie selbst ist es gut«, fragst du, »in die Verbannung getrieben zu werden, in Armut zu geraten, Frau und Kinder zu Grabe zu tragen, Schmach und Schande zu erleiden, die Gesundheit einzubüßen?« Wenn du dich wunderst, dass das für jemand gut sein soll, wirst du dich auch wundern, dass manche durch Schneiden und Brennen geheilt werden oder auch durch Hunger und Durst. Denkst du aber daran, dass manchen zum Zweck der Heilung Knochen abgeschabt oder herausgesägt werden, Venen herausgezogen, manche Gliedmaßen amputiert wurden, die nicht bleiben konnten, ohne den ganzen Körper zu gefährden, so wirst du auch das begreiflich finden, dass manches Unangenehme denen zum Besten dient, die es trifft. Umgekehrt gereicht wahrhaftig manches, was man wünscht und erstrebt, denen zum Nachteil, die ihre Lust daran hatten, ganz so wie ein überladener Magen, Trunksucht oder andere Genüsse, die durch das Übermaß tödlich wirken. Unter den vielen treffenden Aussprüchen unseres Demetrius klingt mir noch im Ohr, als hätte ich es eben gehört: »Nichts erscheint mir unglücklicher als einer, dem nie irgendetwas Widriges begegnete.« Er konnte sich nämlich nicht erproben. Wenn ihm auch alles gelang, wie er es wünschte oder noch ehe er es nur wünschte, so haben es die Götter doch nicht gut mit ihm gemeint; sie würdigten ihn nicht, auch nur einmal das Geschick zu besiegen, das gerade vor dem größten Feigling sich zurückzieht, als wollte es sagen: »Was soll ich mir einen solchen Menschen zum Gegner nehmen? Der wird ja sogleich die Waffen strecken; gegen diesen brauche ich nicht meine ganze Macht aufzubieten, eine leichte Drohung verjagt ihn; er kann meinen Anblick nicht aushalten. Ich will mich nach einem anderen umsehen, mit dem ich mich im Kampf messen kann; ich müsste mich schämen, mit einem Menschen mich einzulassen, der sich so bereitwillig besiegen lässt.« Der Gladiator hält es für eine Schande, gegen einen Schwächeren aufgestellt zu werden; er weiß, dass man für einen Sieg keinen Ruhm erntet, wo keine Gefahr ist. So macht es auch das Schicksal; es sucht sich nur die Stärksten aus, die ihm gewachsen sind; an anderen geht es geringschätzig vorüber. Die besonders Hartnäckigen und Standfesten greift es an, um an ihnen seine Kraft zu zeigen. Mit Feuer stellt es den Mucius[102] auf die Probe, mit Armut den Fabricius, mit Verbannung den Rutilius, mit Foltern den Regulus, mit Gift den Sokrates, mit dem Tod den Cato. Beispiele von Größe finden wir nur im Unglück.

Ist Mucius unglücklich, weil er seine Rechte in das Feuer des Feindes hineinstößt und so sich selbst für seinen Irrtum bestraft? War das ein Unglück, dass er den König mit der verbrannten Hand zum Abzug brachte, was er mit bewaffneter Hand nicht vermocht hatte? Was denn – wäre er glücklicher, wenn er seine Hand am Busen einer Geliebten wärmte? – Ist Fabricius unglücklich, weil er, solange der

Staat seine Dienste nicht braucht, sein Land umgräbt, weil er sowohl gegen Pyrrhos als gegen den Reichtum Krieg führt, weil er an seinem Herd ebendie Wurzeln und Kräuter isst, die er, der greise Triumphator, beim Jäten seines Feldes ausgerodet hat? Wie – wäre er glücklicher, wenn er seinen Bauch mit Fischen ferner Küsten und mit ausländischem Geflügel überladen würde? Wenn er mit Austern des östlichen und des westlichen Meeres der Trägheit seines kranken Magens aufzuhelfen suchte? Wenn er mit einer riesigen Menge Obst umkränzt das auserlesenste Wildbret auftischte, das unter großem Blutvergießen der Jäger erlegt wurde? Ist Rutilius unglücklich, weil seine Richter sich durch alle Jahrhunderte hindurch rechtfertigen müssen? Weil er es gelassener hinnahm, in die Verbannung zu gehen, als von dort zurückzukehren? Weil er allein dem Diktator Sulla nicht den Willen tat und, als man ihn zurückberief, nicht zurückkehrte, sondern weiter weg flüchtete? »Das mögen diejenigen sich anschauen müssen«, sagte er, »die du Glücksmensch[103] in Rom festhältst, sie mögen die Blutströme auf dem Forum sehen und am Servilischen See (dort ist ja die Mördergrube für die von Sulla auf die Liste Gesetzten) die Häupter der Senatoren und die Mörderbanden, die durch die ganze Stadt ziehen, und die vielen Tausende römischer Bürger, die an *einem* Ort nach eidlicher Zusage der Verschonung – ja eben mithilfe dieser Zusage – dennoch niedergemacht wurden. Das mögen die mit ansehen, die nicht in der Verbannung zu leben vermögen.« Ist Sulla glücklich, weil ihm, wenn er auf das Forum geht, mit dem Schwert Platz gemacht wird, weil er es aushält, dass man ihm die Köpfe ehemaliger Konsuln zeigt und er das Geld für die Mordtaten durch den Quästor aus der

Staatskasse ausbezahlen lässt? Und das alles tut der Mann, der das Cornelische Gesetz gegen Meuchelmord gab! – Kommen wir zu Regulus: Was hat das Schicksal ihm für einen Schaden zugefügt? Hat es ihn nicht zu einem Vorbild von Pflichttreue, zu einem Vorbild von standhaftem Ertragen gemacht? Nägel durchbohrten seine Haut; wohin er den müden Leib wendete, lag er auf einer Wunde, zu ständigem Wachsein hatte man ihm die Augenlider ausgespannt. Aber je mehr Qual, desto mehr Ruhm! Willst du erfahren, wie wenig es ihn reut, die Tugend um diesen Preis erkauft zu haben? Mache ihn wieder lebendig und schicke ihn in den Senat; er wird noch einmal ebenso sprechen. Du hältst also den Maecenas[104] für glücklicher, den die Liebe plagte und der sich täglich über den Eigensinn einer launenhaften Gattin zu beklagen hatte? Er suchte den Schlaf unter den sanften Tönen von fernher erklingender Musik; aber ob er mit unvermischtem Wein sich betäubt und durch plätscherndes Wasser sich ablenken lässt und durch tausend Genüsse sein Herz über seinen Kummer hinwegzutäuschen sucht: Er wird auf seinem Daunenbett ebenso wach liegen wie Regulus auf seiner Marterbank. Doch hat der den Trost, er dulde Schweres um des Guten willen, und von seinem Leiden blickt er hin auf dessen Ursache; der andere aber, blasiert und krank an zu viel Glück, wird mehr von der Ursache seines Leidens gequält als von dem Leiden selbst. Die Laster haben es doch bei den Menschen noch nicht so weit gebracht, dass es zweifelhaft wäre, ob nicht viele, wenn man sein Geschick wählen dürfte, lieber die Rolle des Regulus als die des Maecenas übernähmen. Wagte es doch einer zu sagen, er wolle lieber als Maecenas statt als Regulus geboren werden, so gefiele einem solchen, auch wenn er es nicht zugibt, wohl auch die Rolle der Terentia.

Meinst du, es sei dem Sokrates schlecht ergangen, weil er den auf Staatsbefehl gemischten Trank nicht anders als eine Arznei der Unsterblichkeit zu sich nahm und bis in den Tod hinein über den Tod sprach? Ist es ihm schlecht gegangen, weil sein Blut erstarrte und allmählich erkaltend die Lebenskraft in den Adern zum Stillstand kam? Wie viel mehr ist er doch zu beneiden im Vergleich zu solchen, denen Wein aus Edelsteingefäßen serviert wird, denen ein Lustknabe, alles zu dulden geübt, kastriert oder von zweifelhafter Männlichkeit, auf goldener Schale aufgehäuften Schnee zur Kühlung zergehen lässt! Was sie auch getrunken haben, das werden sie durch Erbrechen wieder von sich geben, verziehen dabei das Gesicht und schmecken ihre eigene Galle – während Sokrates seinen Giftbecher froh und willig ausgetrunken hat.

Über Cato habe ich mich schon genügend ausgesprochen; dass ihm ein höchstes Glück zuteil geworden sei, wird allgemein anerkannt. Ihn hat sich die Natur auserlesen, um mit ihm in all ihrer Furcht erregenden Macht zusammenzutreffen: »Ist die Feindschaft der Machthaber etwas Schlimmes? So stelle er sich zugleich einem Pompeius, Caesar, Crassus[105] entgegen. Ist es schwer, Geringere bevorzugt zu sehen? So stehe er zurück hinter einem Vatinius. Ist es schwer, an Bürgerkriegen sich zu beteiligen? Er diene auf dem ganzen Erdkreis der guten Sache mit ebenso viel Unglück wie Beharrlichkeit. Ist es schwer, Hand an sich selbst zu legen? Er tue es! – Was will ich damit erreichen? Jedermann soll es wissen: Das sind keine Übel, deren ich einen Cato für würdig erachtet habe.«

4. Das Glück lässt sich auch herab zur Masse und zu minderwertigen Naturen; aber Unglück und die Schrecken der Menschheit zu bezwingen, das ist Sache eines großen Mannes. Immer glücklich sein und ohne Schmerz durchs Leben gehen heißt die andere Seite der Natur nicht kennen. Du bist ein großer Mann; gut, aber woher weiß man das, wenn das Schicksal dir keine Gelegenheit gibt, deine Tüchtigkeit zu erproben? Du trittst in einem Wettkampf bei den Olympischen Spielen an; gut, aber niemand außer dir. Du hast einen Kranz, den Sieg hast du nicht. Ich gratuliere dir, nicht wie einem tüchtigen Mann, sondern wie einem, der das Konsulat oder die Prätur erreicht hat; du bist um eine Ehre reicher geworden. Ebenso kann ich zu einem tüchtigen Mann sagen, wenn ihm kein härterer Fall die Gelegenheit bot, seine Seelenstärke zu zeigen: »Für unglücklich halte ich dich, weil du nie unglücklich warst; du bist ohne Gegner durchs Leben gegangen; so wird niemand wissen, was du hättest leisten können, nicht einmal du selbst.« Um sich selbst kennenzulernen, bedarf es der Proben; niemand weiß, was er kann, wenn er es nicht versucht hat. Darum haben manche sich freiwillig den Übeln entgegengestellt, wenn diese ausblieben, und haben für ihre Tüchtigkeit, die sonst im Dunkel geblieben wäre, eine Gelegenheit gesucht, sich im Licht zu zeigen. Große Männer, behaupte ich, freuen sich zuweilen über widriges Geschick wie tapfere Soldaten über einen Krieg. Ich hörte einmal den Gladiator Triumphus unter Kaiser Tiberius darüber klagen, dass es so wenig Spiele gäbe: »Wie viel schöne Zeit«, sprach er, »geht da verloren!«

Die Tugend freut sich der Gefahr; sie denkt an das Ziel, nicht an das, was sie zu erdulden hat, da ja auch das, was sie zu leiden hat, ein Teil ihres Ruhmes ist. Tüchtige Soldaten rühmen sich ihrer Wunden; fröhlich prahlen sie damit, wenn sie das Glück hatten, ihr Blut zu vergießen. Mögen diejenigen, die unverwundet aus der Schlacht zurückkehren, ebenso viel geleistet haben, wer verwundet zurückkommt, wird doch mehr beachtet. Gott, sage ich, sorgt gerade für diejenigen, die er recht ehren will, sooft er ihnen Gelegenheit gibt, eine kühne, tapfere Tat zu verrichten; und dazu gehören immer Schwierigkeiten im Leben. Den Steuermann lernt man im Sturm kennen, den Soldaten im Kampf. Wie kann ich wissen, wie gelassen du die Armut ertragen würdest, wenn du im Reichtum schwimmst; oder wie fest du stehst gegen Schmach, Beschimpfung und öffentliche Anfeindung, wenn du unter fortwährenden Beifallsbezeugungen alt wirst, wenn eine unwiderstehliche Gunst dich begleitet, die jedermann dir geneigt macht? Woher weiß ich, ob du den Verlust deiner Kinder mit Gleichmut ertrügest, wenn du alle, die dir geboren wurden, am Leben siehst? Ich hörte dich andere trösten; dann hätte ich dich erst richtig gesehen, wenn du dich selber getröstet, wenn du dir selbst das Trauern verboten hättest. Fürchtet doch, ich bitte euch inständig, das nicht, was die unsterblichen Götter uns als Ansporn für den Geist zuschicken. Ein Schicksalsschlag ist eine Gelegenheit, Tüchtigkeit zu zeigen. Diejenigen mag man mit Recht unglücklich nennen, die in zu großem Glück abgestumpft werden, die wie in einer Windstille auf See träge Ruhe gebannt hält. Wenn ihnen dann etwas Schlimmes widerfährt, kommt es unerwartet, schweres Geschick lastet härter auf denen, die es nie erfahren haben; das Joch drückt mehr auf einem Nacken, der vorher nie eines trug. Der Rekrut wird blass bei dem bloßen Gedanken an Verwundung; der altgediente Soldat blickt unerschrocken auf sein Blut hin, weil er weiß, dass Blutvergießen schon oft seinem Sieg vorausgegangen ist.

Seine Lieblinge erprobt Gott also, härtet sie ab, prüft und übt sie; die anderen, die er nachsichtig zu verschonen scheint, spart er, weil sie noch zu weichlich sind, für spätere Kämpfe auf. Denn es wäre falsch zu meinen, irgendeiner bliebe völlig frei von Leiden; auch der, der lange Zeit glücklich war, bekommt einmal noch seinen Teil. Aufgeschoben ist nicht aufgehoben.

Warum sucht Gott gerade die Besten heim mit Krankheit, Trauer oder anderen Unannehmlichkeiten? Weil auch im Kriegslager gerade den Tapfersten das Gefährlichste aufgetragen wird. Der Feldherr schickt eigens ausgewählte Soldaten aus, um den Feind aus nächtlichem Hinterhalt zu überfallen, um den Weg auszukundschaften, um eine Besatzung aus ihrer Stellung zu vertreiben. Niemand von denen, die ausrücken, wird sagen: ›Mit mir hat es der Feldherr nicht gut gemeint‹; im Gegenteil: ›Er hat mich richtig eingeschätzt.‹ So sollen auch diejenigen sprechen, die etwas erleiden müssen, wovor furchtsamen, feigen Seelen graut: ›Gott hat uns für würdig erachtet, an uns zu erproben, wie viel die menschliche Natur zu ertragen vermag.‹ Flieht vor einem Leben im Genuss, flieht vor einem entnervenden Glück, in dem die Geister erschlaffen und gleichsam in ewigem Rausch dahintaumeln, wenn nicht etwas kommt, das sie wieder an das Menschenlos erinnert. Wen Fensterscheiben immer vor jedem Lufthauch schützen, wessen Füße durch wiederholt gewechselte Kissen warm gehalten werden, wessen Speisezimmer durch verborgene Heizkörper stets wohl durchwärmt ist, für den wird jedes Lüftchen gefährlich. Alles, was das Maß überschreitet, ist schädlich, am meisten aber übermäßiges Glück. Es versetzt das Gehirn in Erregung, erzeugt im Geist nichtige Vorstellungen und lässt die Grenze zwischen Irrtum und Wahrheit im Dunkel verschwimmen. Ist es nicht besser, fortdauerndes Unglück zu ertragen, wobei wir die Tugend als Helferin aufbieten, als vor endlosem und übermäßigem Glück geradezu zu bersten? Der Tod durch Verhungern kommt ganz sacht; ein Fettwanst muss platzen.

Die Götter behandeln tüchtige Menschen daher nach dem gleichen Grundsatz, den die Lehrer bei ihren Schülern anwenden. Sie verlangen ja auch von denjenigen mehr Anstrengung, auf die sie begründete Hoffnungen setzen. Glaubst du, die Spartaner haben ihre Kinder nicht lieb, weil sie sie öffentlich auspeitschen lassen, um zu erproben, ob sie etwas taugen? Ihre Väter selbst ermuntern sie, die Peitschenhiebe standhaft auszuhalten, und fordern sie auf, auch wenn sie schon wund und halbtot sind, ihre Wunden für neue Verwundungen darzubieten. Wieso ist es dann verwunderlich, dass Gott edle Geister in harte Zucht nimmt? Niemals geht es bei einer Prüfung der Tüchtigkeit milde zu. Schlägt uns das Schicksal blutig, wir wollen es ertragen; es geschieht nicht aus Grausamkeit, es ist ein Wettkampf; je öfter wir ihn bestehen, desto stärker werden wir. Der Teil unseres Körpers ist der kräftigste, den wir am häufigsten brauchen und üben. Wir müssen uns dem Geschick entgegenstellen, um uns in der Abwehr gegen seine Schläge von ihm selbst abhärten zu lassen. Nach und nach verhilft es uns dazu, dass wir ihm gewachsen sind; steter Umgang mit der Gefahr lehrt uns, die Gefahr gering zu achten. So haben Seeleute einen abgehärteten Körper, weil sie sich den Gewalten des Meeres entgegenstemmen müssen, der Bauer hat eine schwielige Hand; um Wurfgeschosse zu schleudern, hat der Soldat starke Arme, der Läufer hat geschmeidige Glieder. An jedem ist das am besten ausgebildet, was er geübt hat.

Durch Ausdauer gelangt der Geist dazu, die Macht der Übel gering zu achten. Wie weit man es in dieser Beziehung bringen kann, das zeigt ein Blick auf die Leistungen mittelloser, aber aufgrund ihres Mangels desto tapferer Völker. Betrachte die Stämme insgesamt, die nicht zum römischen Friedensreich gehören, die Germanen, meine ich,[106] und die Nomadenstämme, auf die wir an der unteren Donau treffen. Ein ewiger Winter, ein trüber Himmel lastet auf ihnen; ein unfruchtbarer Boden nährt sie kümmerlich; gegen Regengüsse schützen sie sich nur durch ein Stroh- oder Laubdach; über gefrorene Sümpfe laufen sie dahin und erjagen das Wild zu ihrer Nahrung. Beklagenswert erscheinen sie dir? Was durch Gewohnheit zur zweiten Natur geworden ist, empfindet man nicht als beklagenswert; was man anfangs aus Not tat, das tut man hernach mit Lust. Sie haben keine Häuser und festen Wohnplätze; wo sie gerade müde sind, da lagern sie für einen Tag; karg ist ihre Nahrung, und sie müssen sie sich eigenhändig beschaffen; ein schauerliches Klima, der Leib kaum bedeckt; das scheint uns ein elender Zustand zu sein, aber so leben sehr viele Völker. – Was wunderst du dich also, dass tüchtige Menschen vom Schicksal hin und her gestoßen werden, um sie zu kräftigen; erst dann wurzelt ein Baum fest und wird stark, wenn ihn der Wind oft schüttelt; gerade durch diese Erschütterung strafft er sich im Innern und senkt die Wurzeln tiefer in den Boden; empfindlich sind die Bäume, die in einem sonnigen Tal gewachsen sind. Es ist also für tüchtige Menschen gerade gut, dass sie, um unerschrocken sein zu können, viel mit schwerem Geschick zu kämpfen haben und mit Gleichmut hinnehmen, was nur für denjenigen etwas Schlechtes ist, der es schlecht aushalten kann.

5. Es kommt nun noch hinzu, dass es für die Allgemeinheit von Vorteil ist, wenn gerade die Besten sozusagen Kriegsdienst leisten und Mühen auf sich nehmen. Gott will, wie auch der Weise, zeigen, dass, was die Menge begehrt oder fürchtet, weder ein Gut noch ein Übel ist. Es wird sich aber zeigen, dass es ein Gutes gibt, wenn Gott nämlich dieses nur guten Menschen zuteilt, und dass es Schlechtes gibt, wenn er es nur über schlechte Menschen verhängt. Blindheit muss ein Fluch sein, wenn niemand das Augenlicht verliert, außer dem, der das verdient; darum mögen ein Appius und Metellus die Wohltat des Lichtes entbehren.[107] Reichtum ist kein Gut; darum mag ihn der Kuppler Elius behalten, damit die Leute das Geld, das sie in Tempeln geweiht haben, auch in einem Bordell sehen. Durch nichts kann Gott Dinge, die man sich wünscht, mehr herabsetzen als wenn er sie den Besten entzieht und den Schlechtesten gibt. »Aber es ist doch nicht recht, dass ein tüchtiger Mann verstümmelt, durchbohrt oder in Ketten gelegt wird, während die Schlechten mit heiler Haut, frei und geschniegelt daherkommen.« Dann ist es aber ebenso wenig recht, dass tapfere Männer zu den Waffen greifen, im Lager die Nacht zubringen und mit verbundenen Wunden vor dem Wall Wache stehen, indes gemeine Wollüstlinge in aller Ruhe in der Stadt leben. Oder dass die edelsten Jungfrauen nachts zum Dienst im Heiligtum

aufgeweckt werden,[108] schmutzige Dirnen aber behaglich in tiefstem Schlummer liegen. Zu einer anspruchsvollen Aufgabe werden die Tüchtigsten aufgeboten. Der Senat hat oft den ganzen Tag Sitzung, während gleichzeitig die Taugenichtse entweder auf dem Marsfeld müßig herumstehen oder in einer Kneipe stecken oder die Zeit mit irgendwelchen Kumpanen totschlagen. Ebenso geht es in dem großen Gemeinwesen der Welt: Tüchtige Männer mühen sich ab, bringen Opfer und werden selbst ein Opfer, und zwar freiwillig. Sie werden vom Geschick nicht gezwungen, sie folgen ihm[109] und halten gleichen Schritt; hätten sie es gekannt, so wären sie ihm sogar zuvorgekommen. Da weiß ich wieder ein herzhaftes Wort von unserem Demetrius, diesem heldenhaften Mann: »Nur darüber, ihr unsterblichen Götter«, sprach er, »kann ich mich bei euch beklagen, dass ihr mir euren Willen nicht im Voraus kundgetan habt; sonst wäre ich schon früher zu dem bereit gewesen, wozu ich nun auf euren Ruf hin hier bin. Ihr wollt mir meine Kinder nehmen? Ich habe sie für euch aufgezogen. Ihr wollt einen Teil meines Körpers? Nehmt ihn; ich biete euch damit nicht viel an, bald bekommt ihr ihn ganz. Wollt ihr mein Leben? Warum sollte ich es aufschieben wollen, dass ihr zurückbekommt, was ihr mir gegeben habt? Freiwillig gebe ich euch, was ihr immer verlangt. Nur hätte ich es lieber angeboten als auf Verlangen hergegeben. Wozu es mir wegnehmen? Ihr konntet es freiwillig bekommen. Aber auch so nehmt ihr es mir nicht gewaltsam weg; nur dem wird etwas entrissen, der es festzuhalten sucht.«

Ich werde zu nichts gezwungen, ich erleide nichts gegen meinen Willen; ich diene Gott nicht sklavisch, ich bin mit ihm einverstanden, umso mehr, weil ich weiß, dass alles nach einem bestimmten, für alle Ewigkeit festgelegten Gesetz geht. Das Schicksal führt uns, und die erste Stunde nach der Geburt hat schon festgelegt, wie viel an Lebenszeit einem jeden verbleibt. Eines hängt mit dem anderen ursächlich zusammen; das Los des Einzelnen wie das ganzer Staaten verbindet eine lange Folgenreihe. Darum muss man alles mutig ertragen, weil alles nicht, wie wir meinen, zufällig geschieht, sondern mit Notwendigkeit erfolgt. Schon vor Zeiten wurde festgelegt, worüber du dich freuen und worüber du weinen wirst, und obwohl es so aussieht, als seien die Lebensläufe der einzelnen Menschen sehr verschieden, so läuft es doch im Ergebnis auf eins hinaus: Wir sind vergänglich und empfangen Vergängliches. Warum also klagen und unzufrieden sein? Dafür sind wir nun einmal geboren. Mag die Natur mit unseren Körpern anfangen, was sie will, sie gehören ihr; wir bleiben bei allem heiter und getrost und wollen bedenken, wir verlieren nichts, was unser Eigentum ist. Was gehört sich für einen tüchtigen Menschen? Sich dem Schicksal zu stellen. Es ist ein großer Trost, dass wir in der Bewegung des Alls mitschwingen. Was es auch sei, das uns vorschreibt, so zu leben, so zu sterben, mit derselben Zwangsläufigkeit bindet es auch die Götter. Menschlichem wie Göttlichem ist eine unabänderliche Bahn vorgezeichnet. Der oberste Schöpfer und Lenker des Alls hat zwar die Schicksalsgesetze geschrieben, doch er befolgt sie auch; einmal hat er befohlen, immer gehorcht er. »Warum aber war Gott so unbillig bei der Austeilung der Lose, dass er Guten Armut, Wunden und bitteres Sterben zuerkannte?« Der Schöpfer kann den Stoff nicht ändern;[110] das muss hingenommen werden.

Manches lässt sich von manchem nicht absondern, es hängt zusammen und bildet ein unteilbares Ganzes.

Matte Geister, die schläfrig sind oder deren Wachen ein Schlummern ist, sind aus trägen Elementen zusammengesetzt; soll ein Mann im vollen Sinne des Wortes ins Leben treten, bedarf es eines festeren Stoffes. Ein solcher wird keinen ebenen Weg vor sich haben: es wird bei ihm auf und ab gehen, er muss von den Wellen umgetrieben werden und sein Schiff durch die Strömung steuern. Gegen das Schicksal muss er Kurs halten; viel Hartes und Raues wird ihm begegnen, aber er wird es selber mildern und glätten. Feuer erprobt das Gold, die Not tapfere Menschen. Sieh, wie hoch die Tugend emporsteigen muss; du wirst einsehen, es gibt für sie keinen ebenen Pfad:

Steil ist des Weges Beginn, kaum erklimmen ihn morgens die Rosse
Frisch gekräftigt, doch steiler noch ist er hoch oben am Himmel,
Wo mir selbst, tief unten das Meer und die Lande zu schauen,
Oftmals graut und das Herz erbebt in banger Besorgnis.
Jäh ist des Weges End', und besonnener Lenkung bedarf es.
Tethys selbst, die unten in wogender Tiefe mich aufnimmt,
Fürchtet oftmals für mich, ich möchte jählings hier stürzen.[111]

Als jener edle Jüngling dies vernommen hatte, sagte er: »Mir gefällt der Weg, ich will den Wagen besteigen; es ist der Mühe wert, durch diese Gefilde zu fahren, selbst auf die Gefahr hin zu stürzen.« Aber der Sonnengott ließ nicht ab, den kühnen Sinn des Sohnes durch Schreckensbilder in Furcht zu setzen:

Dass du den Weg einhaltest und nicht abschweifest in Irrfahrt,
Musst du vorbei an den Hörnern des feindlich dräuenden Stieres,
An des Schützen Geschoss und dem Rachen des grimmigen Löwen.

Darauf jener: »Spanne mir den Wagen an, den du mir bewilligt hast; gerade das, womit du mich abzuschrecken gedenkst, reizt mich; ich will gerne dort stehen, wo selbst der Sonnengott zittert.« Der Feige und der Träge suchen eine sichere Bahn; hoher Sinn strebt hoch.

6. »Warum lässt Gott es dennoch zu, dass rechtschaffenen Menschen etwas Böses geschieht?« Er lässt es gerade nicht zu! Alles Böse hält er von ihnen fern, Verbrechen und Schande, böse Gedanken und unersättliche Wünsche, blinde Begierde und nach fremdem Gut trachtende Habsucht; davor behütet und bewahrt er sie.[112] Oder verlangt einer gar von Gott, er solle auch noch die Habseligkeiten der Guten behüten? Diese Sorge erlassen sie ihm; sie achten solche Dinge ja gering. Demokrit warf den Reichtum von sich, weil er ihn für eine Bürde des edlen Geistes hielt. Was wunderst du dich, wenn Gott einem Guten etwas zuteil werden lässt, was der Gute sich zuweilen selber wünscht! Tugendhafte Menschen verlieren ihre Söhne: Warum nicht, da sie sie manchmal sogar selbst töten?[113] Sie werden

in die Verbannung geschickt: Warum nicht, da sie manchmal selbst ihr Vaterland verlassen, um nie wieder zurückzukehren? Sie werden getötet: Warum nicht, da sie manchmal von eigener Hand sterben? Warum müssen sie Schweres erdulden? Um andere das Dulden zu lehren; sie sind zum Vorbild geboren. Denke dir daher, dass Gott sagt:

»Ihr, denen gefällt, was recht ist, worüber könnt ihr mir gegenüber klagen? Andere habe ich mit Scheingütern überhäuft und habe die eitlen Gemüter getäuscht wie mit einem langen trügerischen Traum; mit Gold, Silber und Elfenbein habe ich sie geschmückt; in ihrem Innern aber ist nichts Gutes zu finden. Seht ihr diejenigen, die ihr für glücklich haltet, nicht von der Licht-, sondern von der Schattenseite an, so sind sie elend, schmutzig, schändlich und nur äußerlich übertüncht, wie die Wände ihrer Häuser. Das ist kein echtes, reines Glück; es ist nur Firnis, und zwar ein ganz dünner. Solange sie sicher dastehen und sich nach eigenem Gutdünken zur Schau stellen können, glänzen sie und machen Eindruck; tritt etwas ein, was sie durcheinanderbringt und bloßstellt, dann kommt es an den Tag, wie viel tief sitzenden Schmutz in Wirklichkeit der erborgte Flitter verdeckt hat.

Euch gab ich sichere, bleibende Güter; je mehr man sie hin und her wendet und je genauer man sie betrachtet, desto besser und größer wird man sie finden. Ich habe euch gewährt, das zu verachten, was andere fürchten, gegen die Begierden Widerwillen zu empfinden. Ihr glänzt nicht äußerlich; eure Güter sind inwendig. So achtet auch das Weltall nicht auf die Dinge außerhalb; es lässt sich an der Betrachtung der eigenen Schätze genügen. In das Innere habe ich alles Gute gelegt; das Glück nicht zu brauchen, das ist euer Glück. ›Aber es ereignet sich viel Trauriges, Schreckliches, schwer zu Ertragendes.‹ Weil ich euch davon nicht befreien konnte, darum habe ich euer Gemüt gegen alles gewappnet. Tragt es tapfer! In diesem Punkt steht ihr noch höher als Gott. Er ist ausgenommen vom Erleiden des Übels, ihr steht über dem Erleiden. Verachtet die Armut; niemand lebt so arm, wie er geboren wurde. Verachtet den Schmerz; entweder geht er zu Ende oder es geht mit euch zu Ende. Verachtet den Tod, er endigt entweder alles oder er führt euch zu einem anderen Leben.[114] Verachtet das Schicksal; ich habe ihm kein Geschoss gegeben, das euren Geist verwunden könnte.

Vor allem habe ich dafür gesorgt, dass euch niemand gegen euren Willen zurückhalten kann: Der Ausweg steht offen. Wollt ihr nicht kämpfen, so könnt ihr entfliehen. Darum habe ich von allem, was für euch nach meinem Willen unausweichlich sein sollte, nichts leichter gemacht als das Sterben. Ich habe die Seele an einen Abhang gestellt, von wo es sie leicht hinabzieht. Gebt nur acht darauf, und ihr werdet sehen, welch kurzer und wohl gebahnter Weg in die Freiheit führt. Der Ausgang aus dem Leben dauert für euch nicht so lang wie der Eingang; stürbe der Mensch so langsam, wie er geboren wird, so hätte das Schicksal eine große Gewalt über euch. Jeder Zeitpunkt, jeder Ort soll euch lehren, wie leicht es ist, der Natur den Dienst aufzukündigen und ihr Geschenk ihr wieder hinzuwerfen. An den Altären selbst und bei den feierlichen Riten der Opfer, inmitten der Wünsche, die das Leben betreffen, könnt ihr den Tod lernen. Gewaltige Stierkörper stürzen zu Boden infolge einer kleinen Wunde, und der Schlag der Menschenhand wirft die kräftigsten Tiere nieder. Ein dünnes

Eisen durchtrennt die Fugen des Nackens, und wenn das Gelenk, das Kopf und Hals verbindet, durchgehauen ist, stürzt die ganze Masse nieder. Das Leben liegt nicht tief verborgen und muss nicht immer mit dem Schwert gewaltsam herausgeholt werden; man braucht nicht mit einer tief eindringenden Wunde die Eingeweide zu suchen; der Tod ist ganz nahe. Für solche Stöße habe ich keinen bestimmten Punkt vorgesehen; überall wo du willst, findest du einen Zugang. Das, was man eigentlich Sterben nennt, das Scheiden von Leib und Seele, geht schneller vorüber, als dass man einen solch raschen Vorgang recht empfinden könnte. Mag eine Schlinge die Kehle zusammenschnüren oder Wasser die Atmungsorgane verschließen, oder mag einer zerschmettert werden, indem er mit dem Kopf auf hartem Boden aufschlägt, oder mag eingeatmete Feuersglut die Atemwege abschneiden: sei es, wie es wolle, es geht rasch. Schämt ihr euch nicht? Was so schnell getan ist, das fürchtet ihr so lange?«

Von der Muße

(*De otio*)

(Der Anfang fehlt)

1. [...] man empfiehlt uns mit großer Einmütigkeit Fehler.[115] Wenn wir sonst nichts unternehmen, was uns heilsam ist, so wird es doch nützlich sein, sich aus eigenem Entschluss zurückzuziehen: Wir werden besser sein, wenn wir für uns allein leben. Etwa weil es erst dann möglich ist, sich zu hervorragenden Männern zurückzuziehen und irgendein Vorbild zu wählen, nach dem wir unser Leben ausrichten? Das ist ohne Muße nicht möglich: Erst dann kann man festhalten an dem, wozu man sich einmal entschlossen hat, wenn niemand dazwischentritt, der unser noch schwaches Urteilsvermögen mithilfe der Masse von der rechten Bahn ablenkt; nur dann kann das Leben in einem gleichmäßigen und einheitlichen Gang voranschreiten, das wir sonst mit ganz widersprüchlichen Vorsätzen zersplittern. Denn unter unseren sonstigen Fehlern ist dieser der schlimmste, dass wir die Fehler selbst wechseln. So gelingt uns nicht einmal das, bei einem bereits vertrauten Übel zu bleiben. Eines nach dem anderen gefällt uns, und auch das quält uns, dass unsere Entscheidungen nicht nur verkehrt, sondern auch unbeständig sind: Wir lassen uns treiben und greifen bald nach diesem, bald nach jenem, Erstrebtes geben wir auf, Aufgegebenes erstreben wir wieder, zwischen unserer Gier und unserer Reue geht es ständig hin und her. Wir hängen nämlich ganz von fremden Meinungen ab, und das erscheint uns als das Beste, was viele Verehrer und Lobredner hat, nicht das, was lobens- und erstrebenswert ist, noch bewerten wir einen Weg als gut und

schlecht an sich, sondern nach der Menge der Fußspuren, unter denen es freilich keine von Menschen gibt, die zurückkommen.[116]

Du wirst mir sagen: »Was tust du, Seneca? Bist du deiner Partei untreu? Jedenfalls sagen eure Stoiker: ›Bis zum äußersten Ende des Lebens werden wir in Tätigkeit sein, werden wir nicht aufhören, uns für das Allgemeinwohl abzumühen, den Einzelnen zu helfen, auch den Feinden Beistand zu leisten, selbst noch mit altersschwacher Hand. *Wir* sind es, die keinem Alter Müßiggang zugestehen und, was jener äußerst beredte Mann sagt,

noch auf das altersgraue Haupt den Helm drücken;[117]

wir sind es, bei denen es vor dem Tode so wenig eine Muße gibt, dass, wenn die Verhältnisse es erlauben, selbst der Tod nicht in einer Zeit der Muße eintritt.‹ Was sprichst du uns von den Lehren Epikurs ausgerechnet bei den Leitsätzen Zenons? Warum läufst du nicht ganz einfach, wenn du deiner Partei überdrüssig bist, lieber über, als sie zu verraten?« Darauf werde ich dir für den Augenblick Folgendes antworten: »Verlangst du etwa mehr, als dass ich mich meinen Führern ähnlich erweise? Wie ist es also? Nicht wohin mich jene geschickt, sondern wohin sie mich geführt haben, werde ich gehen.«

2. Jetzt will ich dir deutlich machen, dass ich den Lehren der Stoiker nicht untreu werde; denn auch sie selbst sind ihren Lehren nicht untreu geworden, und dennoch wäre ich vollauf gerechtfertigt, auch wenn ich nicht ihren Lehren folgte, sondern ihren Beispielen. Das, was ich meine, werde ich auf zwei Punkte verteilen: erstens, dass einer sogar

von frühestem Alter an sich ganz der Wahrheitssuche widmen, in Zurückgezogenheit eine vernünftige Gestaltung des Lebens suchen und ausbilden kann; zweitens, dass einer, nachdem er seine Dienstzeit abgeleistet hat, in vorgerücktem Alter, dies mit vollem Recht tun und anderen die Staatsgeschäfte überlassen kann, nach Art der Vestalischen Jungfrauen,[118] die, weil sie je nach Lebensalter unterschiedliche Pflichten haben, erst die heiligen Handlungen zu vollziehen lernen und, wenn sie sie gelernt haben, sie lehren.

3. Ich werde zeigen, dass dies auch bei den Stoikern gültig ist, nicht, weil ich es für mich zum Gesetz erhoben hätte, auf keinen Fall gegen das Wort Zenons oder Chrysipps[119] zu verstoßen, sondern weil die Sache selbst es erlaubt, mich ihrer Ansicht anzuschließen: Denn wenn einer immer der Meinung eines Einzigen folgt, ist er nicht im Senat, sondern in einer Partei. Wenn man doch nur alles schon erfasst hätte, wenn die Wahrheit offen anerkannt wäre und wir nichts von unseren Grundsätzen zu ändern brauchten! Jetzt suchen wir noch die Wahrheit, zusammen mit ebendenen, die sie lehren.

Zwei Schulen sind sich besonders uneinig, so auch in diesem Punkt, die der Epikureer und die der Stoiker, aber jede von beiden entlässt uns in die Muße, freilich auf verschiedenen Wegen. Epikur sagt: »Der Weise wird nicht in die Politik gehen, außer wenn ein Notfall eintritt«;[120] Zenon sagt: »Er wird in die Politik gehen, außer wenn etwas daran hindert.« Der eine sucht die Muße mit Vorsatz, der andere aufgrund eines Anlasses; einen solchen Anlass aber gibt es reichlich. Wenn der Staat zu verdorben ist, als dass ihm noch zu helfen wäre, wenn er durch Schurken beherrscht ist, dann wird der Weise sich nicht unnötig anstrengen noch sich, ohne helfen zu können, verausgaben; wenn er zu wenig Einfluss oder Durchsetzungskraft hat und der Staat ihn nicht zur Mitwirkung hinzuziehen will, wenn der Gesundheitszustand ihn hindert, so wie man ein beschädigtes Schiff nicht zu Wasser lassen, wie ein Schwacher sich nicht freiwillig zum Kriegsdienst melden würde, so wird er nicht einen Weg beschreiten, den er als untauglich erkannt hat. Es kann aber auch der, bei dem alles noch in einem ungetrübten Zustand ist, bevor er irgendwelche Stürme erlebt, auf sicherem Boden stehen bleiben und sich gleich den edlen Wissenschaften widmen und seine Zeit in ungeschmälerter Muße zubringen, ein Verehrer sittlicher Werte, die auch von denen, die in größter Zurückgezogenheit leben, gepflegt werden können. Das wird allerdings vom Menschen verlangt, dass er den Menschen nützt: wenn es möglich ist, vielen; wenn nicht, wenigen; wenn nicht, den nächsten; wenn nicht, sich selbst. Denn wenn er sich den übrigen als nützlich erweist, handelt er im Interesse der Allgemeinheit. Wie derjenige, der sich schlechter macht, nicht nur sich selbst schadet, sondern auch allen, denen er, besser geworden, hätte nützlich sein können, so nützt auch jeder, der sich um sich selbst verdient macht, ebendadurch anderen, dass er etwas schafft, was ihnen künftig nützen kann.

4. Zwei Staaten wollen wir uns vorstellen, den einen groß und wahrhaft allgemein, der Götter und Menschen umfasst, in dem wir nicht auf diesen oder jenen Erdenwinkel schauen,[121] sondern die Grenzen unseres Staates am Lauf der Sonne messen, den anderen, dem uns das Los der Geburt zugeteilt hat; das kann der von Athen oder Kartha-

go oder von irgendeiner anderen Stadt sein, der nicht alle Menschen angeht, sondern nur bestimmte. Manche widmen sich zur gleichen Zeit beiden Staaten, dem größeren und dem kleineren; manche nur dem kleineren, manche nur dem größeren. Diesem größeren Staat können wir auch in der Muße voll und ganz dienen, ja vielleicht in der Muße sogar besser, so dass wir untersuchen, was die Tugend ist, ob es eine oder mehrere gibt, ob die Natur oder die Erziehungskunst die Menschen gut macht;[122] ob es nur das eine gibt, was Meere und Länder und das, was in Meer und Ländern enthalten ist, umfasst oder ob Gott viele derartige Weltkörper verstreut hat; ob die Materie, aus der alles entsteht, ganz zusammenhängend und voll oder verteilt und Leeres mit Festem gemischt ist; welches der Sitz Gottes ist, ob er sein Werk nur betrachtet oder lenkt, ob er es von außen umschließt oder es ganz durchdringt;[123] ob die Welt unsterblich oder zum Vergänglichen und auf Zeit Geschaffenen zu rechnen ist? Wer solche Betrachtungen anstellt, welchen Dienst leistet er Gott? Den, dass seine großen Werke nicht ohne Zeugen sind.

5. Wir pflegen zu sagen, das höchste Gut sei es, gemäß der Natur zu leben: Die Natur hat uns zu beidem geschaffen, zur Betrachtung der Welt *und* zum Tätigsein. Nun wollen wir das erhärten, was wir früher gesagt haben. Doch wozu noch? Wird das nicht wohlbegründet sein, wenn ein jeder bedenkt, welch ein großes Verlangen er hat, Unbekanntes kennenzulernen, wie er bei allen abenteuerlichen Erzählungen in Spannung gerät? Manche fahren zur See und nehmen die Anstrengungen einer noch so weiten Reise auf sich, allein um der Belohnung willen, etwas Verborgenes und Entferntes kennenzulernen. Dieser Beweg-

grund lässt die Menschen zu Schauspielen zusammenströmen, er treibt sie, Verschlossenes zu durchsuchen, Geheimes zu erforschen, Altertümer ans Licht zu holen, von den Sitten fremder Völker zu erfahren. Einen wissbegierigen Geist hat die Natur uns gegeben und, im Bewusstsein ihrer Kunstfertigkeit und Schönheit, uns als Zuschauer bei diesem großen Weltenschauspiel erschaffen, da sie den Lohn für ihre Mühe verlieren würde, wenn sie so Großes, so Herrliches, so kunstvoll Gestaltetes, so Glänzendes und so vielfältig Schönes der Einsamkeit zeigte. Damit du weißt, dass es ihr Wille gewesen ist, genau betrachtet und nicht nur mit einem flüchtigen Blick bedacht zu werden, sieh, welchen Platz sie uns gegeben hat: In ihre Mitte hat sie uns gestellt und uns den Rundblick auf alles geschenkt; und sie hat dem Menschen nicht nur den aufrechten Gang gegeben: In der Absicht, ihm die Beobachtung bequem zu machen, damit er die Gestirne auf ihrer Bahn vom Aufgang bis zum Untergang verfolgen und seinen Blick mit dem All kreisen lassen könne, hat sie ihm auch den Kopf obenauf angebracht und auf einen biegsamen Hals gesetzt.[124] Ferner: Sechs Sternbilder bei Tage, sechs bei Nacht vorüberführend, hat sie jeden ihrer Bereiche entfaltet, um durch das, was sie seinen Augen dargeboten hatte, die Wissbegier auch nach dem Übrigen zu wecken. Denn nicht alles sehen wir genau, noch sehen wir es so groß, wie es ist, sondern unser Scharfsinn eröffnet sich einen Weg zum Forschen und legt die Grundlagen für die Erkenntnis der Wahrheit, so dass die Untersuchung aus dem Bekannten in das Dunkle hinüberschreiten und etwas finden kann, das älter ist als die Welt selbst: woher jene Sterne gekommen sind; was der Zustand des Weltalls gewesen ist, bevor sich das Einzelne in Teile spaltete; welches schöpferische Prinzip das Verborgene und Verworrene gegliedert hat; wer den Dingen ihren Platz zugewiesen hat; ob das Schwere durch seine eigene Natur herabgesunken und das Leichte sich emporgehoben oder ob außer dem natürlichen Schwung und dem Gewicht der Körper noch eine höhere Gewalt den einzelnen Dingen ihr Gesetz vorgeschrieben hat; ob das wahr ist, wodurch man am meisten glaubhaft machen will, dass die Menschen göttlichen Geistes sind: dass nämlich Teile der Sterne, und zwar etwas wie Feuerfunken, auf die Erde herabgestürzt und an diesem für sie fremden Ort haften geblieben seien. Unser Denken durchbricht die Himmelsfeste und ist nicht zufrieden, nur das, was sichtbar ist, zu kennen: »Das«, sagt es, »will ich erforschen, was jenseits des Weltalls liegt, ob es eine bodenlose Leere ist oder ob auch ebendies durch eigene Grenzen eingeschlossen wird; wie das beschaffen ist, was sich außerhalb unserer Welt befindet, ob es gestaltlos und ungeordnet ist, ob es in jede Richtung gleich viel Raum einnimmt und ob auch das nach einer gewissen Ordnung verteilt ist; ob es mit unserer Welt zusammenhängt oder weit von ihr entfernt ist und diese sich im leeren Raum dreht; ob es Atome[125] sind, aus denen alles zusammengefügt ist, was entstanden ist und entstehen wird, oder ob die Materie zusammenhängend und im Ganzen veränderlich ist; ob die Urstoffe im Gegensatz zueinander stehen oder ob sie nicht miteinander kämpfen, sondern auf verschiedene Weise zusammenwirken.«

Solche Probleme wie diese zu erforschen ist der Mensch geboren – überlege, wie wenig Zeit er erhalten hat, auch wenn er sie ganz für sich in Anspruch nimmt. Mag er sich auch keinen Augenblick aus irgendwelcher Rücksichtnahme entreißen, keinen aus Nachlässigkeit verloren gehen lassen, mag er seine Stunden so knauserig wie möglich hüten und bis zur äußersten Grenze des Menschenlebens gelangen und das Schicksal ihm nichts von dem, was die Natur ihm verliehen hat, zunichte machen, dennoch ist der Mensch für die Erkenntnis der unsterblichen Dinge allzu sterblich.

Also lebe ich gemäß der Natur, wenn ich mich ihr ganz widme, wenn ich ihr Bewunderer und Verehrer bin. Die Natur aber wollte, dass ich beides tue, tätig sein und für eine denkende Betrachtung Zeit haben: beides tue ich, da auch eine denkende Betrachtung nicht ohne Tätigkeit möglich ist.

6. »Aber es kommt darauf an«, sagst du, »ob du dich nur um des Vergnügens willen damit befasst, indem du nichts anderes davon erwartest als ein dauerndes Betrachten ohne Ende: es ist nämlich anziehend und hat seine Reize.« Darauf antworte ich dir: Es kommt in gleicher Weise darauf an, in welcher Gesinnung du dich im öffentlichen Leben betätigst, ob du stets ruhelos beschäftigt bist und dir niemals etwas Zeit nimmst, von den menschlichen Dingen weg auf das Göttliche zu schauen. Wie es keinesfalls Beifall verdient, ohne das geringste Streben nach sittlicher Vervollkommnung und ohne Pflege des Geistes nur nach äußerlichen Dingen zu trachten und sich in bloßer Tätigkeit zu erschöpfen (beides muss nämlich miteinander vereinigt und verknüpft werden), so ist die Tugend ein unvollkommenes und schwaches Gut, wenn sie sich untätig an die Muße wegwirft, indem sie niemals beweist, was sie gelernt hat. Wer bestreitet, dass sie verpflichtet ist, ihre

Fortschritte durch die Tat zu erproben und nicht nur darüber nachzudenken, was man tun muss, sondern auch einmal die Hände zu rühren und das, was gedacht ist, in die Wirklichkeit zu überführen? Wie aber, wenn nun das Hemmnis nicht bei dem Weisen selbst liegt, wenn es nicht an einem zum Handeln bereiten Mann fehlt, sondern die Möglichkeiten zum Handeln fehlen –, wirst du ihm wohl dann gestatten, für sich zu bleiben? Mit welchem Gefühl zieht sich der Weise zur Muße zurück? In dem Bewusstsein, dass er auch dann das tun wird, wodurch er der Nachwelt nützt. *Wir* jedenfalls sind es, die behaupten, Zenon und Chrysipp haben Größeres geleistet, als wenn sie Heere angeführt, Ehrenämter bekleidet, Gesetze beantragt hätten; Gesetze haben sie nicht für einen Staat allein, sondern für das ganze Menschengeschlecht gegeben. Wie und warum sollte also eine solche Muße für einen tüchtigen Menschen nicht passend sein, die es ihm ermöglicht, künftige Zeitalter zu formen und nicht vor wenigen in einer Versammlung zu sprechen, sondern vor allen Menschen aller Völker, die leben und leben werden? Letztendlich frage ich, ob Kleanthes, Chrysipp und Zenon nach ihren eigenen Lehren gelebt haben. Zweifellos wirst du antworten, sie hätten so gelebt, wie man ihren Äußerungen nach leben müsse: und doch hat keiner von ihnen ein Staatsamt bekleidet. »Sie hatten«, sagst du, »entweder keine solche Herkunft oder keinen solchen gesellschaftlichen Rang, wie er allgemein eine Voraussetzung zu politischer Betätigung ist.« Aber sie haben dennoch kein träges Leben geführt: Sie haben entdeckt, wie ihr ruhiges Leben den Menschen mehr nützen kann als anderer Leute Geschäftigkeit und Schweiß. Also haben sie offenbar durchaus nicht weniger Großes geleistet, obwohl sie sich nicht politisch betätigten.

7. Außerdem gibt es drei Lebensformen, und es ist eine übliche Frage, welche von ihnen die beste ist: Die eine widmet sich dem Genuss, die zweite der denkenden Betrachtung, die dritte der öffentlichen Tätigkeit. Zuerst wollen wir den Streit beiseitelassen und beiseitelassen die unversöhnliche Feindschaft, die wir denen angesagt haben, die einer anderen Richtung folgen, und sehen, ob dies alles nicht unter verschiedenen Bezeichnungen auf dasselbe hinausläuft: weder lebt jener, der den Genuss gutheißt, ohne denkende Betrachtung noch jener, der sich der denkenden Betrachtung hingibt, ohne Genuss noch jener, dessen Leben für die öffentliche Tätigkeit bestimmt ist, ohne denkende Betrachtung. »Es ist«, sagst du, »ein sehr großer Unterschied, ob etwas auf einem eigenen Vorsatz beruht oder ob es nur Begleiterscheinung eines anderen Vorsatzes ist.« Gewiss ein gewaltiger Unterschied; dennoch gibt es das eine nicht ohne das andere: weder widmet sich jener der Betrachtung, ohne tätig zu sein, noch ist dieser tätig ohne denkende Betrachtung, noch heißt jener Dritte, über den wir einmütig schlecht denken, den untätigen Genuss gut, sondern den, welchen er sich aufgrund vernünftiger Überlegung dauerhaft macht; so ist auch selbst diese Schule der Lust dem Handeln verbunden. Warum sollte sie nicht dem Handeln verbunden sein, da doch Epikur selbst sagt, bisweilen werde er sich vom Genuss zurückziehen, ja sogar den Schmerz suchen, wenn entweder dem Genuss Reue droht oder anstelle eines größeren Schmerzes sich ein kleinerer wählen lässt? Worauf läuft diese Ansicht hinaus? Dass deutlich wird, wie die denkende Betrachtung allen ge-

fällt: andere machen sie zum Ziel ihres Strebens; für uns ist sie nur Rastplatz, nicht Hafen.

8. Füge nun noch hinzu, dass man nach der Vorschrift des Chrysipp in Muße leben darf: ich meine nicht, dass man die Muße hinnimmt, sondern dass man sie wählt. Wir Stoiker sagen nicht, dass der Weise in jedem beliebigen Staat ein Amt übernehmen wird; was für ein Unterschied ist es aber, wie der Weise zur Muße kommt, ob deshalb weil der Staat ihm fehlt oder er selbst dem Staat, wenn allen der Staat fehlt? Immer aber wird er denen fehlen, die schwer zu befriedigende Anforderungen stellen. Ich frage, in welchem Staat der Weise ein Amt übernehmen wird. Im Staat der Athener, in dem Sokrates verurteilt wird, Aristoteles fliehen muss, um nicht verurteilt zu werden?[126] In dem Missgunst die Tugenden erstickt? Du wirst mir bestätigen, dass der Weise mit diesem Staat nichts zu tun haben will. Im Staat der Karthager also wird sich der Weise betätigen, in dem dauernder Aufruhr und eine gerade für die Besten bedrohliche Willkür herrscht und die größte Geringschätzung des Rechten und Guten sowie unmenschliche Grausamkeit gegen die Feinde, in einem Staat, der auch gegen die eigenen Bürger feindselig ist? Auch diesen Staat wird er meiden. Wenn ich Staaten einzeln mustern will, werde ich keinen finden, der den Weisen oder den der Weise ertragen könnte. Wenn sich nun der Staat nicht finden lässt, den wir uns vorstellen, dann beginnt Muße für alle unausweichlich zu werden, weil sich das nirgendwo findet, was allein der Muße vorgezogen werden könnte. Wenn einer sagt, es sei das Schönste, zur See zu fahren, dann aber erklärt, man dürfe nicht auf einem Meer fahren, wo es gewöhnlich zu Schiffbrüchen kommt und häufig plötzliche

Stürme auftreten, die den Steuermann von seinem Kurs weg in die entgegengesetzte Richtung reißen, dann, glaube ich, verbietet der mir, die Anker zu lichten, obwohl er die Seefahrt lobt […].

(Der Schluss ist verloren.)

Anhang

Zu dieser Ausgabe

Die lateinischen Originaltitel der hier versammelten Texte lauten: *De brevitate vitae* (»Von der Kürze des Lebens«); *De tranquillitate animi* (»Von der Ruhe des Gemüts«); *De vita beata* (»Vom glücklichen Leben«); *De providentia* (»Von der Vorsehung«); *De otio* (»Von der Muße«).

Folgende Übersetzungen liegen dem Text dieser Ausgabe zugrunde: Seneca: Das Leben ist kurz! Übers. von Marion Giebel. Stuttgart: Reclam, 2007 (*Von der Kürze des Lebens*). – L. Annaeus Seneca: Vom glückseligen Leben und andere Schriften. Übers. nach Ludwig Rumpel, mit Einführung und Anm. hrsg. von Peter Jaerisch. Stuttgart: Reclam, 1953, 1984 [u. ö.] (*Von der Ruhe des Gemüts*; *Vom glücklichen Leben*; *Von der Vorsehung*). – L. Annaeus Seneca: De otio / Über die Muße; De providentia / Über die Vorsehung. Lat./Dt. Übers. und hrsg. von Gerhard Krüger. Stuttgart: Reclam, 1996 [u. ö.] (*Von der Muße*).

Alle Übersetzungen wurden für den vorliegenden Band unter Abgleichung mit folgenden lateinischen Textausgaben überarbeitet: L. Annaei Senecae Dialogorum libri duodecim. Ed. L. D. Reynolds. Oxford: Clarendon, 1977 [u. ö.]. – Sénèque: Dialogues. Lat./Frz. Ed. A. Bourgery. Paris: Les Belles Lettres, 1923, [5]1962–65.

Anmerkungen

Von der Kürze des Lebens

1 Hippokrates (um 460–370 v. Chr.), *Aphorismen* 1,1. – Der Ausspruch des Aristoteles ist sinngemäß von seinem Schüler Theophrast überliefert, vgl. Cicero, *Tusculanae disputationes – Gespräche in Tusculum* 3,69.

2 Wohl von dem griechischen Komödiendichter Menander, der oft mit Aussprüchen der Lebensweisheit zitiert wird.

3 Angehörige meist sozial niedrigerer Schichten in Rom, die sich dem Schutz eines höherrangigen Mannes unterstellt hatten. Dieser unterstützte sie als ihr Patron mit Geld und anderen Vergünstigungen (*beneficia*), dafür bildeten die Klienten seinen Anhang in der Öffentlichkeit und gaben ihm bei Wahlen ihre Stimme. Bei ihrer Morgenvisite erwarteten sie ein Geldgeschenk oder eine Einladung zum Gastmahl. Zu den Klienten gehörten mittellose Dichter, aber auch Wichtigtuer und Schmarotzer (satirisch dargestellt bei Horaz und Juvenal). Vgl. Kap. 14, S. 35.

4 Man musste einflussreiche Personen mit ihrem Namen begrüßen; es gab dafür eigens einen Sklaven, den *nomenclator*, der seinen Herrn begleitete und ihm die betreffenden Namen zuflüsterte.

5 Durch den unsinnigen Tafelluxus, den Seneca öfters kritisiert, vgl. hier Kap. 12, S. 29 f., und *Epistulae morales – Briefe an Lucilius* 95,15 ff.; Krankheiten als Strafen für Genusssucht: 95,18.

6 Sueton berichtet (*Aug.* 28), Augustus habe zweimal ernstlich daran gedacht, die Leitung des Staates niederzulegen. Im hier erwähnten (uns nicht erhaltenen) Brief bezieht er sich auf das von Cicero mehrfach genannte Wunschziel des Römers: *otium cum dignitate*, Ruhe bei Wahrung des Ansehens.

7 Gaius Julius Caesar Octavian, der spätere Augustus, Adoptivsohn und Erbe Julius Caesars, kämpfte zunächst im Bürgerkrieg nach der Ermordung Caesars zusammen mit Marcus Antonius gegen seine Mitbürger, die Caesarmörder Brutus und Cassius und die Senatspartei, dann gegen seine Kollegen im Triumvirat, Lepidus

und Antonius. Mit den Verwandten sind Sextus Pompeius, der Sohn des Pompeius Magnus, ein Verwandter von Octavians früherer Gattin Scribonia, und wiederum Antonius, sein früherer Schwager, gemeint. Der Sieg über Antonius und Kleopatra bei Actium 31 v. Chr. brachte ihm die Alleinherrschaft über das Römische Reich.

8 Julia, die einzige Tochter des Augustus, wurde, in Verbindung mit dem Vorwurf eines sittenlosen Lebenswandels, verdächtigt, sich mit Jullus, dem Sohn des Antonius, des einstigen Gatten der Kleopatra, gegen ihren Vater verschworen zu haben. Jullus, zum Tode verurteilt, beging Selbstmord, Julia wurde 2 v. Chr. auf Lebenszeit verbannt. Dieses Schicksal traf auch ihre Tochter Julia die Jüngere. Augustus nannte die beiden Julien seine Eiterbeulen (Sueton, *Aug.* 65,4).

9 Marcus Tullius Cicero (106–43 v. Chr.) schlug als Konsul 63 v. Chr. die Verschwörung des Catilina nieder. Er wandte sich gegen die demagogische Politik des Volkstribunen P. Clodius wie auch gegen das Machtstreben von Caesar, Pompeius und Crassus, die sich zur Durchsetzung ihrer Interessen zu einem Triumvirat verbündet hatten. Im Bürgerkrieg, den Cicero vergeblich zu verhindern gesucht hatte, siegte Caesar 48 v. Chr. bei Pharsalos über die Senatspartei und Pompeius; nach dessen Tod (vgl. Kap. 13, S. 33, mit Anm. 25) kämpften seine Söhne Gnaeus und Sextus vergeblich für die Sache ihres Vaters.

10 Der Brief an Atticus ist nicht erhalten. – Sein Epos in drei Büchern über sein Konsulat (*De consulatu suo*) hatte Cicero von seinem Landhaus in Tusculum 60 v. Chr. an seinen Freund Atticus zur Veröffentlichung geschickt; es wurde schon von den Zeitgenossen kritisiert.

11 Volkstribun 91 v. Chr., nahm die am Widerstand der Senatspartei gescheiterte Reformbewegung der Gracchen, der Brüder Tiberius und Gaius Gracchus, wieder auf; er wollte den römischen Bundesgenossen in Italien das Bürgerrecht verschaffen, was zu Unruhen führte. Er wurde von einem Unbekannten ermordet, vgl. Senecas *Trostschrift an Marcia* 16,4 und Velleius Paterculus 2,14,1.

12 Seit Sokrates gehörte die Vorbereitung auf den Tod zu den Aufgaben der Philosophie. Für die Stoa war die *praemeditatio mortis* eine wichtige Meditationsübung. Vgl. Platon, *Phaidon* 67d; Cicero, *Tusculanae disputationes – Gespräche in Tusculum* 1,75.

13 Vergil, *Georgica – Vom Landbau* 3,66 f. Berühmt ist auch sein Ausspruch: *Sed fugit interea, fugit irreparabile tempus* – »Aber es flieht inzwischen die Zeit, flieht unwiederbringlich« (*Georg.* 3,284), beides von Seneca zitiert in *epist.* 108,24 ff. Auch die Maxime des Horaz: *Carpe diem* – »nutze den Tag« klingt öfters an.

14 Papirius Fabianus, stoischer Philosoph, auch rhetorisch geschult, Lehrer Senecas. Er vertritt hier die strenge stoische Auffassung, dass Affekte grundsätzlich als *vitia*, Fehlhaltungen, anzusehen seien und daher nicht zugelassen werden dürften, auch nicht in Maßen. Vgl. Sen. *epist.* 116, zu seinem Stil vgl. Sen. *epist.* 100.

15 Vgl. Sen. *epist.* 99,4 f. und den Ausspruch: »Die Erinnerung ist das einzige Paradies, aus dem uns niemand vertreiben kann.«

16 In den Hallen, wie auf dem Forum Boarium und Holitorium, wurden nicht nur Waren verkauft, sondern auch Spekulationsgeschäfte gemacht. Abends schickte man Hunde hinein, um dunkle Existenzen zu vertreiben.

17 Statuen und Gefäße aus korinthischer Bronze waren sehr geschätzt, da diese wegen ihrer speziellen Legierung einen besonderen Glanz hatte. Vgl. auch *Von der Ruhe des Gemüts* Kap. 9, S. 73.

18 Vgl. Petron, *Das Gastmahl des Trimalchio* 49, wo aus dem im Ganzen servierten, angeblich nicht ausgenommenen Schwein dann Bratwürste herausrollen. Gegen die Entwürdigung der bedienenden Sklaven wendet sich Seneca, *epist.* 47,2–8.

19 Man hielt dies für gesund, weil dadurch dem Körper überflüssige Feuchtigkeit entzogen werde.

20 Vgl. ausführlich Sen. *epist.* 88: Die freien Künste und Wissenschaften sind nur so weit nützlich, als sie den Verstand schulen und ihn nicht behindern mit einem Ballast von überflüssigem Wissen.

21 C. Duilius, 260 v. Chr. Konsul, besiegte im Ersten Punischen Krieg bei Mylae die Flotte Karthagos durch den Einsatz von Enter-

brücken. M.' Curius Dentatus, 290 v. Chr. Konsul, besiegte 275 König Pyrrhos von Epirus und erbeutete dessen Kriegselefanten. Appius Claudius Caudex, Konsul 264 v. Chr., brachte den Römern zu Beginn des Ersten Punischen Krieges einen entscheidenden Vorteil, indem er einen Brückenkopf in Sizilien errichtete.

22 M.' Valerius Maximus Corvinus, Konsul 263 v. Chr., hielt im Ersten Punischen Krieg die Stadt Messana (Messina) gegen Karthago; der Beiname soll sich aus dem oskischen Dialekt von Messanas zu Messalas gewandelt haben. Messalla wurde zum Beinamen bedeutender Vertreter der *gens Valeria*. Die Stadt Messana hatte ihren Namen von griechischen Siedlern aus Messenien. Ebenfalls im Ersten Punischen Krieg siegreich war der in Kap. 13, S. 33, erwähnte L. Caecilius Metellus, Konsul 251 und 247 v. Chr., der bei seinem Sieg bei Panormus 250 v. Chr. Elefanten der Karthager erbeutete. Vgl. auch Anm. 107.

23 Die Spiele wurden von Sulla als Prätor im Jahr 97 v. Chr. veranstaltet. Bocchus hatte sich im Krieg gegen den Numiderkönig Jugurtha auf Roms Seite gestellt.

24 Diese Spiele wurden kritisiert wegen ihrer Grausamkeit; die Zuschauer hatten auch Mitleid mit den Elefanten und stießen Verwünschungen gegen Pompeius aus. Vgl. Cicero, *Ad familiares – Briefe an die Freunde* 7,1.3; Plinius der Ältere, *Naturalis historia – Naturgeschichte* 8,7,21.

25 Von Caesar im Bürgerkrieg besiegt, wandte sich Pompeius nach Ägypten, wo er in Alexandria aufgrund seiner früheren Gunstbeweise gegen den Vater des jungen Königs Ptolemaios XIII. Aufnahme erhoffte. Doch dieser, der Bruder der Kleopatra, lockte ihn an Land und ließ ihn auf der Überfahrt von seinen Schergen ermorden. Vgl. Sen. *De ira – Vom Zorn* 2,2,3; *epist.* 4,7 sowie *Trostschrift an Marcia* 20,4; Caesar, *De bello civili – Der Bürgerkrieg* 3,103 f.; Velleius Paterculus 2,53.

26 In der Frühzeit der Republik wollte das Volk mit dem Auszug aus der Stadt auf den Aventin seine Forderungen gegenüber den Patriziern durchsetzen. Kaiser Claudius bezog zwischen Januar und Mai 49 n. Chr. bei seiner Erweiterung des Pomeriums, des Stadt-

gebiets, den Aventin ein. Da Seneca dies nicht erwähnt, nimmt man vielfach an, er habe seine Schrift kurz vorher verfasst. Doch Senecas Aufforderung an Paulinus, seiner Tätigkeit zu entsagen, setzt eine gewisse Autorität, *dignitas*, voraus, die Seneca, eben aus der Verbannung zurückgekehrt, nicht besaß. Vgl. die Gegenüberstellung der *vita activa* und der *vita contemplativa* und die entsprechende Argumentation in *De tranquillitate animi – Von der Ruhe des Gemüts* sowie in *De otio – Von der Muße*, also in späteren Werken, angereichert mit Senecas eigenen Erfahrungen. Seneca gibt hier möglicherweise nur die Meinung des Redners wieder, Sulla sei der Letzte gewesen, der das Pomerium auf eine bestimmte Weise erweitert habe, und er verzichtet angesichts seines Tadels der Vielwisserei bewusst auf die Richtigstellung einer in diesem Zusammenhang belanglosen Tatsache.

27 Die Brüder Romulus und Remus stritten, ob die neu zu gründende Stadt auf dem Palatin oder auf dem Aventin erbaut werden sollte und wer ihr seinen Namen geben durfte. Ein *augurium*, ein Vogelzeichen, sollte die Entscheidung bringen. Sie fiel zugunsten des Romulus, dem zwölf Geier erschienen, doppelt so viele wie dem Remus.

28 Mit seiner Fragetechnik wollte Sokrates seine Mitunterredner von ihrem Scheinwissen abbringen. Karneades, Erneuerer der platonischen Schule der Akademiker (benannt nach dem Ort der Zusammenkunft im Hain des Heros Akademos), forderte als Skeptiker die Zurückhaltung im Urteilen. Epikur zufolge gewann man das Glück in der Zurückgezogenheit und einer leidenschaftslosen Ruhe (*ataraxia*). Der stoische Weise überwindet die Natur, indem er menschlichen Regungen wie Zorn, Habgier und anderen Leidenschaften keinen Raum gibt. Die Kyniker, mit ihrem berühmten Vertreter Diogenes, gingen in ihrer Forderung nach absoluter Bedürfnislosigkeit und ihrer provozierenden Haltung gegenüber den gesellschaftlichen Normen noch über die Stoiker hinaus. Der Kyniker Demetrius, sein Zeitgenosse, galt Seneca als ein überzeugendes Exempel für die Verachtung des Reichtums. Vgl. *Vom glücklichen Leben* Kap. 18, S. 119.

29 Zenon begründete um 300 v. Chr. in Athen die Philosophenschule, die nach ihrem Versammlungsort in einer Säulenhalle (*stoá*) ihren Namen erhielt. Pythagoras steht hier als Begründer der Kenntnisse über die Gesetze des Kosmos, Demokrit, der Schöpfer der Atomlehre, für die Befreiung der Menschen von der Todesfurcht. Aristoteles, der Begründer der peripatetischen Schule (so genannt nach dem *perípatos*, dem Umhergehen beim Lehren und Lernen) und sein Schüler Theophrast repräsentieren die Einzelwissenschaften mit ihrer Fülle interessanten Stoffes.

30 Hier wird erinnert an das Terrorregiment Kaiser Caligulas, vgl. Sen. *De ira – Vom Zorn* 2,33,3–5; 3,18,3 ff.

31 Als er in der Gestalt ihres Gatten Amphitryon mit Alkmene den Herakles zeugte, vgl. Plautus, *Amphitruo*. – Zur Kritik an den Dichtern, die Unmoralisches über die Götter erzählen, vgl. Platon, *Politeia – Vom Staat* 377d–383c.

32 Nach dem Bericht des Herodot 7,45 ff. hatte Xerxes beim Feldzug nach Griechenland den Übergang über den Hellespont durch eine Schiffsbrücke vorbereitet. Er musterte nun sein Heer, pries sich angesichts der gewaltigen Menge glücklich und brach dann in Tränen aus, ein mehrfach zitiertes Beispiel einerseits für Glückswandel und andererseits für sentimentale Posen von Gewaltherrschern.

33 Gaius Marius, der große Sieger über die Kimbern und Teutonen (102/101 v. Chr.), war siebenmal Konsul, sein Ruhm verdunkelte sich aber durch die blutigen Auseinandersetzungen mit Sulla, die zu dessen Schreckensherrschaft führten (82–79 v. Chr.). L. Quinctius Cincinnatus wurde der Überlieferung nach 458 v. Chr. vom Pflug weg zum Krieg gegen die Äquer geholt, ein zweites Mal 439 zur Abwehr von Unruhen in Rom. Der große Feldherr Publius Scipio Africanus Maior (der Ältere) hatte trotz seiner Jugend und ohne die üblichen Ämter innegehabt zu haben, bereits hohe militärische Kommandos geführt. 202 v. Chr. schlug er Hannibal bei Zama und beendete so siegreich den Zweiten Punischen Krieg. Später sah er sich Neid und Anfeindungen ausgesetzt und zog sich in ein freiwilliges Exil nach Liternum in Kampanien zurück,

wo Seneca sein bescheidenes Haus besuchte und es mit dem Luxus seiner Zeit verglich, vgl. *epist.* 86.

34 König Antiochos III., der Große, hatte den Herrschaftsbereich der Seleukiden im Osten wiederhergestellt und war bei seinem Ausgreifen nach Westen in Konflikt mit den Römern geraten. 190 v. Chr. siegten diese in der Schlacht von Magnesia unter L. Cornelius Scipio mit Unterstützung seines Bruders, des Africanus Maior, vgl. Livius 37,1,7 ff.

35 Pompeius Paulinus ist mit ziemlicher Sicherheit der *praefectus annonae*, Verwalter der staatlichen Getreideversorgung, wohl auch der Vater von Senecas Gattin Pompeia Paulina. Er hatte nicht nur die Verantwortung für die regelmäßige Anlieferung und den Transport des Getreides, sondern musste auch die Kontrolle ausüben über die Mengen, die aus den Provinzen wie aus staatlichen Domänen kamen und die teils als Tribute, teils als Sonderlieferungen zu verbuchen waren.

36 Kaiser Caligula ließ zwischen Baiae und Puteoli eine Schiffsbrücke erbauen, auf der er zu Fuß und zu Pferd einherstolzierte. Man nahm an, er habe damit die Überbrückung des Hellespont durch Xerxes (vgl. Kap. 17, S. 39, und Anm. 32) noch übertreffen wollen (vgl. Suet. *Caligula* 19). Da Caligula zu diesem Schauspiel des Caesarenwahnsinns auch die Lastschiffe requirierte, die das Getreide von Ostia nach Rom transportieren sollten, kam es zu Hungersnöten in Rom. Anfang 41 n. Chr. fiel er einer Verschwörung zum Opfer.

37 Nach dem stoischen Grundsatz »der Natur gemäß leben« war die mit dem Göttlichen übereinstimmende Natur ein bevorzugter Gegenstand der Betrachtung, für Seneca schon während seiner Verbannung auf Korsika, vgl. die Trostschrift an seine Mutter Helvia 8,3 sowie *epist.* 65,18 ff.; 94,56 ff. und *De otio – Von der Muße* Kap. 4 ff., S. 169.

38 Das römische Jahr wurde nach den Namen der beiden amtierenden Konsuln benannt und gezählt. Der Gipfel des Ehrgeizes war es also, die Ämterlaufbahn bis zum Konsulat durchlaufen zu haben.

39 Vermutlich der Vorgänger des Paulinus im Amt der Getreideversorgung.

40 Zenon aus Kition (335–262), Gründer der Stoa, Kleanthes (331–251), sein Nachfolger als Leiter der Schule, bekannt durch seinen Zeushymnus, vgl. *Von der Vorsehung* Kap. 5, S. 156, und Anm. 109. Chrysipp (um 281–204) brachte die stoische Philosophie in ein System; seine Schriften sind wie die der anderen nicht erhalten und nur aus späteren Erwähnungen und Zitaten zu erschließen. Chrysipp trat für eine vernunftgesteuerte Erkenntnis ein, die alles Handeln bestimmt, und lehnte die Affekte völlig ab. Der Mensch ist der Gemeinschaft verpflichtet, nicht mehr als Bürger der Polis, sondern der ganzen Weltgemeinschaft (Kosmopolitismus). Im Gegensatz dazu stand der Grundsatz des Epikur (341–270 v. Chr.): *Lathe biosas* – lebe im Verborgenen, d. h. ohne Übernahme öffentlicher Ämter, im Kreise gleichgesinnter Freunde.

41 Demokrit von Abdera (um 460–357 v. Chr.), mit Leukippos Begründer der Atomlehre, der Epikur und Lukrez folgen. In seiner Schrift über die *Euthymia*, die »Wohlgestimmtheit« der Seele, rät er zu einem Leben ohne Betriebsamkeit, in rechter Einschätzung der eigenen Möglichkeiten, zu Mäßigung im Genuss und einem rechten Maß im Leben. Vgl. *Die Vorsokratiker*, hrsg. von J. Mansfeld, Stuttgart 1987, Kap. 9: Demokrit Nr. 18 ff. und hier Anm. 77. – Plutarch (um 46–120 n. Chr.) verwendet in seiner Schrift über die *Euthymia*, die Seelenruhe, ähnliche Argumente und Beispiele wie Demokrit und Seneca.

42 Epikur riet Menschen mit einer mehr extrovertierten Veranlagung zu einer geschäftlichen oder politischen Tätigkeit. Vgl. auch Sen. *epist.* 56,8 f.

43 Achill trauert über den Tod seines Freundes Patroklos, vgl. *Ilias* 24,10 f.

44 In seinem epikureischen Lehrgedicht *De rerum natura – Von der Natur der Dinge* 3,1006.

45 Stoiker des 1. Jh.s v. Chr., Leiter der Bibliothek von Pergamon, mit Cato dem Jüngeren befreundet.

46 Die 404 v. Chr. in Athen herrschenden 30 Tyrannen hielten eine

Miliz von 3000 Mann unter Waffen. – Unter der wiederhergestellten demokratischen Ordnung, der Freiheit, wurde Sokrates 399 zum Tod verurteilt. Er ist für Seneca das Beispiel des innerlich freien und unerschütterlichen Weisen.

47 Harmodios und Aristogeiton hatten 514 v. Chr. Hipparch getötet, der mit seinem Bruder Hippias in Athen die Macht ausübte. Sie waren zwar beim Versuch, die Tyrannis zu stürzen, gescheitert, dennoch galten sie als Wegbereiter für eine demokratische Verfassung. Auf ihr Beispiel als Tyrannenmörder bezogen sich noch die Verschwörer gegen Caesar 44 v. Chr.

48 M.' Curius Dentatus, Konsul 290, 275, 274 v. Chr., Sieger über König Pyrrhus von Epirus, Typus des schlichten und unbestechlichen Römers, vgl. Anm. 80 und *Vom glücklichen Leben* Kap. 21, S. 123.

49 Isokrates (436–338 v. Chr.), bedeutender Redner in Athen; Ephoros verfasste die erste griechische Universalgeschichte, bis zu Philipp von Makedonien.

50 Platon, Xenophon und die Kyniker waren Schüler des Sokrates und zeichneten jeweils ein eigenes Bild von ihrem Lehrer. Sokrates als der vollkommene Weise der Griechen wird neben den römischen Weisen gestellt: Cato. Vgl. *epist.* 104,27 ff.

51 Marcus Porcius Cato der Jüngere (95–46 v. Chr.), Stoiker, Urenkel des Cato Censorius (234–149 v. Chr.), wie dieser der Typus des aufrechten, unbestechlichen Römers. Cato trat gegen die Willkürakte Caesars und seiner Gesinnungsgenossen auf, kämpfte im Bürgerkrieg auf der Seite des Senats und gab sich nach der Niederlage von Thapsos (Nordafrika) 46 v. Chr. in Utica den Tod, daher sein Beiname Uticensis. Vgl. Anm. 101. Seneca nennt ihn öfters, so *Vom glücklichen Leben* Kap. 21, S. 123; *Von der Vorsehung* Kap. 2, S. 143 f.; *Von der Standhaftigkeit des Weisen – De constantia sapientis* Kap. 1.

52 Bion von Borysthenes (um 325–246 v. Chr.), Kyniker, in der Nachfolge des Diogenes (um 400–325 v. Chr.), der berühmt war für seine Bedürfnislosigkeit und Selbstgenügsamkeit. In Athen hatte er angeblich in einem Fass gelebt. Bion war als wandernder Philo-

soph für seine treffenden und sarkastischen Formulierungen bekannt, mit denen er menschliche Fehler und Schwächen attackierte. Vgl. hier Kap. 15, S. 86, und Diogenes Laertios, *Leben und Lehre der Philosophen* B. 4,46–57.

53 Sprichwörtlich: *Multum, non multa* – »Man soll viel lesen, nicht vielerlei« (Plinius der Jüngere, *Epistulae – Briefe* 7,9,15).

54 Alle äußeren Güter, selbst das Leben, sind *adiáphora, indifferentia*, Dinge, auf die es nicht ankommt, im Folgenden mit einem juristischen Ausdruck benannt: *precaria*, Güter, die zeitweise kostenlos überlassen, aber jederzeit auf Widerruf zurückgegeben werden müssen.

55 Zu diesen sollte Serenus später gehören; als Kommandant der Stadtpolizei (*praefectus vigilum*) hatte er eine Vertrauensstellung am Hof und musste sich bereitfinden, das Liebesverhältnis Neros mit der Freigelassenen Acte zu decken, das Neros Mutter Agrippina zu unterbinden suchte (vgl. Tacitus, *Annalen* 13,12 f.). Serenus starb 62 n. Chr., wohl an Gift, Seneca betrauerte ihn sehr, vgl. *epist.* 63,14 ff. Ihm hat Seneca auch die Schrift *De constantia sapientis – Von der Standhaftigkeit des Weisen* gewidmet.

56 *Rede für Milo* 92. Der von Cicero verteidigte Milo verschmähte es, an das Mitleid der Richter zu appellieren.

57 Eine der wichtigsten geistigen Übungen der Stoa war die *praemeditatio malorum*, das gedankliche Vorwegnehmen möglicher Schwierigkeiten, die dadurch entschärft werden, wenn sie wirklich eintreten, vgl. heute die Technik des Worst-Case-Szenarios (»Think worse!«).

58 Publilius Syrus, 1. Jh. v. Chr., erfolgreich als Dichter von Mimen, heiteren Bühnenstücken, aus denen eine Sammlung von Spruchweisheiten zum Schulgebrauch zusammengestellt wurde. Das Zitat im gleichen Zusammenhang findet sich auch bei Seneca in seiner *Trostschrift an Marcia*, die ihren Sohn verloren hatte (9,5).

59 Ein nicht näher bekanntes Opfer Caligulas, die Gastfreundschaft ist ironisch gemeint: Er kerkerte ihn im Palast ein.

60 Mächtiger Günstling des Kaisers Tiberius, plante dessen Sturz, wurde wegen Hochverrats 31 n. Chr. hingerichtet.

61 Der sagenhaft reiche Lyderkönig (um 550 v. Chr.) zog gegen den Perserkönig Kyros zu Feld, wurde besiegt und sollte auf dem Scheiterhaufen verbrannt werden. Der Gott Apollon, dessen Orakel in Delphi Kroisos oft befragt hatte, rettete ihn. Kyros nahm ihn als Ratgeber in sein Gefolge auf. Vgl. Herodot 1,46–56; 71–91.

62 Jugurtha von Numidien hatte sich lange gegen die Römer behauptet, wurde dann von Marius 104 v. Chr. besiegt, im Triumphzug in Rom vorgeführt und dann hingerichtet. Ptolemaios von Mauretanien, der Sohn König Jubas, ein Vetter des Caligula, wurde von diesem nach Rom beordert und aus nichtigem Anlass 40 n. Chr. hingerichtet. Mithridates von Armenien wurde ebenfalls von Caligula nach Rom gerufen, durfte wieder zurückkehren, kam aber dann durch Verrat um. Vgl. Tacitus, *Annalen* 12,44–47.

63 Theodoros von Kyrene (um 330–270 v. Chr.), Philosoph mit dem Beinamen Atheos, der Gottlose, wegen seiner aufklärerischen Ansichten, geriet als Freigeist in Konflikt mit Lysimachos, einem der Diadochenherrscher. Vgl. Diogenes Laertios, *Leben und Lehre der Philosophen* 2,97–102.

64 Canus Julius ist nicht näher bekannt. Sein Hausphilosoph: Wie Hauslehrer und Erzieher gab es in vornehmen Häusern auch Philosophen als Lehrmeister, z. B. bei Augustus den Stoiker Athenodorus Calvus. – Das tägliche Opfer: die Hinrichtungen.

65 Heraklit aus Ephesos (544–483), bezeichnete die Menschen mehrfach als unverständig und ohne Einsicht, also bedauernswert, während Demokrit eine eher positive Einstellung zu erkennen gibt. Daraus entstand wohl die Gegenüberstellung des lachenden und des weinenden Philosophen. Vgl. auch Sen. *De ira – Über den Zorn* 2,10,5. – Chr. M. Wieland zitiert die Stelle hier in seiner *Geschichte der Abderiten* und verweist darauf, dass Demokrit aus Abdera über seine Mitbürger, die Vorläufer der Schildbürger, immer etwas zu lachen hatte.

66 Rutilius Rufus, Schüler des Stoikers Panaitios, wandte sich bei seiner vorbildlichen Verwaltung der Provinz Asia gegen die Aus-

beutung durch die Steuerpächter, wurde daraufhin von diesen angeklagt, unschuldig verurteilt und ging 92 v. Chr. in die Verbannung, vgl. *Von der Vorsehung* Kap. 3, S. 147. – Zum Tod des Pompeius vgl. *Von der Kürze des Lebens* Kap. 13, S. 33, und Anm. 25, zu Cicero vgl. ebd. Kap. 5, S. 16. Er wurde 43 v. Chr. ein Opfer der Proskriptionen; zum Mordkommando gehörte ein Mann, den er einst vor Gericht verteidigt hatte. Vgl. Plutarch, *Cicero* 48. – Zu Catos Tod vgl. *Von der Vorsehung* Kap. 2, S. 143f., und Anm. 101.

67 Von unerträglichen Schmerzen gepeinigt durch ein giftgetränktes Gewand (das Nessosgewand), bestieg Herkules den Scheiterhaufen auf dem Berg Oeta. Er wurde von seinem Vater Zeus zu den Olympiern entrückt. Der Heros galt als vorbildliche Gestalt, da er für die Menschen so viele Mühen auf sich genommen (seine zwölf Arbeiten) und sich dem Schicksal gegenüber standhaft gezeigt hatte.

68 M. Atilius Regulus, Feldherr des Ersten Punischen Krieges, von den Karthagern 255 v. Chr. gefangen genommen und von ihnen als Friedensunterhändler nach Rom geschickt. Er sprach sich im Senat gegen die Annahme der Friedensbedingungen und den Gefangenenaustausch aus und kehrte seinem gegebenen Wort gemäß nach Karthago zurück, obwohl er wusste, dass ihm dort der Martertod bevorstand. Vgl. *Von der Vorsehung* Kap. 3, S. 148 f., Cicero, *Von den Pflichten – De officiis* 3,99 ff.; *De finibus bonorum et malorum – Über das höchste Gut und das größte Übel* 2,65; Horaz, *Carmina – Oden* 3,5,13 ff.

69 P. Cornelius Scipio Aemilianus (Scipio der Jüngere), der Zerstörer Karthagos 146 v. Chr.

70 Asinius Pollio, Konsul 40 v. Chr., Förderer der Dichter, Gründer der ersten öffentlichen Bibliothek in Rom. Die zehnte Stunde: Da die Römer die Tagesstunden von Sonnenaufgang um 6 Uhr zählten, um 16 Uhr.

71 Liber war ursprünglich ein altitalischer Fruchtbarkeitsgott, der mit dem griechischen Weingott Bacchus/Dionysos gleichgesetzt wurde.

72 Solon, athenischer Staatsmann, Gesetzgeber und Dichter, geb.

um 640 v. Chr. – Arkesilaos (315–240 v. Chr.), Philosoph der sog. Mittleren Akademie. – Den Vorwurf der Trunkenheit erhob Caesar gegen Cato in seiner Schrift *Anticato*, die gegen eine (verlorene) Lobschrift Ciceros gerichtet war, vgl. Plinius, *epist.* 3,12f.: »Caesar tadelt ihn jedoch so, dass er ihn eigentlich lobt.« Vgl. Ciceros Charakteristik Catos in *De fin.* 3,63f.; Plutarch, *Caesar* 54.

73 Wohl Anakreon, vgl. Horaz: »Süß ist es, toll zu sein am rechten Ort« (*carm.* 4,12,28). – Platon: die göttliche Begeisterung und das Bild vom Seelenwagen mit den beiden feurigen Rossen im *Phaidros* 245a ff. – Aristoteles: *Problemata* 954a 34.

Vom glücklichen Leben

74 Bruder Senecas, er änderte seinen ursprünglichen Namen Marcus Annaeus Novatus nach der Adoption durch den Redelehrer Junius Gallio in L. Junius Gallio Annaeanus. Auch die Schrift *De ira – Vom Zorn* ist ihm gewidmet, noch unter dem Namen Novatus. Gallio ist aus der Apostelgeschichte bekannt (18,12–17): Als Statthalter von Achaia (Griechenland) lehnte er es ab, Paulus zu verurteilen, den die Juden in Korinth vor seinen Richterstuhl gebracht hatten.

75 Der *interlocutor*, der fingierte Gegenredner, ist ein Epikureer, freilich in der vulgären Form eines Befürworters des Genusslebens.

76 Die nicht näher bekannten Philosophen Kalliphon und Deinomachos sahen in der Verbindung von *voluptas* und *honestas*, Lust und Ehrenhaftigkeit, d. h. Tugend, das höchste Gut; sie wollten also Stoa und Epikureismus verbinden, wogegen Cicero, ähnlich wie hier Seneca, polemisiert (*De officiis – Vom pflichtgemäßen Handeln* 3,116.119, s. auch *Tusculanae disputationes – Gespräche in Tusculum* 5,85; 87). Vgl. auch Anm. 81.

77 Vgl. Demokrit (s. Anm. 41): »Für alle, die vom Bauch her ihre Gelüste suchen und bei Speisen, Getränken und in der Liebe nicht wissen, wann sie aufhören sollen, sind die Genüsse kurz und dauern nur die wenige Zeit, in der sie eben essen und trinken,

aber der Schmerzen sind viele. Außerdem ist dieses Begehren nach immer denselben Dingen ständig wirksam – und jedes Mal, wenn ihnen zuteil wird, was sie begehren, ist die Lust schnell wieder fort: Das einzig Gute dabei ist ein schneller Genuss, aber dieser wird sofort von einem neuen Bedürfnis nach demselben abgelöst« (*Die Vorsokratiker*, hrsg. von J. Mansfeld, Stuttgart 1987, Kap. 9: Demokrit 26).

78 Zitat aus Vergil, *Aeneis* 2,61.

79 An der kaiserlichen Tafel gab es *praegustatores*, Sklaven, die Speisen und Getränke zu kosten hatten im Hinblick auf eine etwaige Vergiftung. Der Tugend wird also eine dienende Rolle zugewiesen.

80 Nomentanus war ein berüchtigter Schlemmer, vgl. Horaz, *Satiren* 1,1,102 u. ö. Von Apicius (ein ihm zugeschriebenes Kochbuch ist noch erhalten) berichtet Seneca in der Trostschrift an seine Mutter Helvia (10,8 ff.), er habe die Kochkunst zur Wissenschaft gemacht und riesige Summen für seine Gastmähler ausgegeben. Als er nur noch 10 Millionen Sesterzen (etwa 1 Million Euro) übrig hatte, beging er Selbstmord, da es ihm vorkam, als müsse er hungers sterben. Seneca stellt dem Schlemmer Apicius den Altrömer M.' Curius Dentatus gegenüber, der die Bestechungsgelder der Samniten mit dem Hinweis auf seine selbstgekochte einfache Mahlzeit zurückwies.

81 Epikur musste sich selbst schon verteidigen gegen Missdeutungen seines Begriffs der *hedoné*, der Lust: »Wenn wir sagen, die Lust sei das Ziel des Lebens, so meinen wir damit nicht die Lüste der Prasser und überhaupt nicht sinnliche Genüsse, wie einige aus Unkenntnis, Gegnerschaft oder Missverständnis glauben, sondern einen Zustand, in dem der Körper von Schmerzen und die Seele von Unruhe frei ist« (*Brief an Menoikeus* 131). Statt eines Lebens im Luxus empfahl er nur die Befriedigung der natürlichen Bedürfnisse: »Des Fleisches Stimme ist: Nicht hungern, nicht dürsten, nicht frieren! Denn wenn einer dies besitzt und hoffen kann, es auch zukünftig zu besitzen, dann könnte er selbst mit Zeus um das Glück wetteifern« (*Weisungen* 33).

82 Das Tympanon, die Handtrommel, wurde im Kult der aus Phrygien in Kleinasien stammenden Göttin Kybele benutzt. Sie wurde mit orgiastischen Riten verehrt, zu denen die Selbstentmannung der Priester gehörte.

83 Um zu zeigen, wohin die Verbindung von Lust und Tugend führt, stellte der Stoiker Kleanthes seinen Hörern ein Bild vor Augen, auf dem die Lust prächtig gekleidet auf einem Thron sitzt, während die Tugenden als kleine Dienerinnen ihr zur Verfügung stehen. Vgl. Cicero, *De finibus bonorum et malorum – Über das höchste Gut und das größte Übel* 2,69.

84 Zitat aus Vergil, *Georgica – Vom Landbau* 1,139 f.

85 Vgl. *Von der Vorsehung* Kap. 5, S. 156, und Anm. 109.

86 Der *proficiens*, der Jünger der Philosophie, der noch auf dem Wege ist, im Unterschied zum *sapiens*, dem Weisen. Als einen solchen erst Fortschreitenden, an den keine Idealforderungen zu stellen sind, bezeichnet sich Seneca im folgenden Abschnitt. Zu den Vorwürfen gegen ihn vgl. Tacitus, *Annalen* 13,42 f. – Mangelnde Übereinstimmung zwischen Lehre und Leben wird den Philosophen auch in Ciceros *Tusculanen* vorgeworfen: 2,11 f.

87 Römische Vorbildgestalten: zu Rutilius s. Anm. 66, zu Cato Anm. 51, zu Demetrius Anm. 28. Ein Epikureer Diodor ist nicht weiter bekannt.

88 Vergil, *Aeneis* 4,653, Worte der durch eigene Hand sterbenden Königin Dido.

89 Vgl. Senecas Werk *De beneficiis – Über die Wohltaten*, s. auch Kap. 24, S. 126.

90 Ovid, *Metamorphosen* 2,328. Gemeint ist Phaethon, der Sohn des Sonnengottes Sol, der bei der Fahrt mit dem Wagen seines Vaters scheiterte. Vgl. S. 158 f.

91 Zu Curius Dentatus vgl. Anm. 21 und 80. Genügsam und unbestechlich verkörperte er einen Idealtypus des Römers. Ti. Coruncanius, erster Plebejer in den hohen Staatsämtern, war 280 v. Chr. Konsul, 254 Pontifex maximus, erteilte als Erster öffentliche Rechtsgutachten. Zu Cato dem Jüngeren und seinem Vorfahren Cato Censorius vgl. Anm. 51. Der ältere Cato schritt als Zensor

streng gegen den Luxus ein. – Crassus: 60 v. Chr. mit Caesar und Pompeius im sog. Ersten Triumvirat verbunden, der damals reichste Mann Roms.

92 Die Freilassung von Sklaven (*manumissio*) erfolgte auf verschiedene Weise: gesetzlich, d. h. förmlich vor einer Magistratsperson bzw. durch Testament, oder mehr inoffiziell, unter Freunden, d. h., wenn der Herr den Sklaven im Beisein von fünf Zeugen für frei erklärte.

93 Der Mythos des Bacchus/Dionysos (Liber) berichtete von einem Zug des Gottes nach Indien, wo er seinen Kult ausbreitete und auf einem von Panthern gezogenen Wagen im Triumph zurückkehrte, ein beliebtes Bildmotiv. Theben ist die Heimatstadt seiner Mutter Semele. – Neben Gefangenen wurden beim römischen Triumphzug der Traggestellen auch kostbare Beutestücke mitgeführt.

94 Die orientalischen Kulte, wie der Isiskult mit dem Sistrum, der Klapper, mit Bußgängen auf Knien, dem Leinengewand der Priester sowie die blutigen Riten der Kybele (vgl. Anm. 82) hatten großen Zulauf unter dem Volk, wurden von den Gebildeten jedoch vielfach als unrömisch abgelehnt.

95 In seiner Komödie *Die Wolken* (423 v. Chr.).

96 Vgl. die Worte Jesu: »Was kümmerst du dich um den Splitter im Auge deines Bruders und bemerkst nicht den Balken im eigenen Auge?« (Mt 7,3).

97 Freunde und Schüler des Sokrates. Alkibiades fügte Athen mit seiner verhängnisvollen Politik großen Schaden zu, und man machte Sokrates als seinem Lehrer Vorwürfe. Phaidros (vgl. den gleichnamigen Dialog Platons) war wegen Religionsfrevels verbannt worden.

Von der Vorsehung

98 Freund und philosophischer Ansprechpartner Senecas in seinem wohl 62 n. Chr. begonnenen Briefkorpus. Die Betrachtung der Welt und des Kosmos, wie sie auch Paulinus in *Von der*

Kürze des Lebens empfohlen wird (Kap. 19), stärkte und erhob Seneca schon während seiner Verbannung, vgl. seine *Trostschrift an Helvia*, Kap. 8. Aus seinem naturphilosophischen Interesse entstehen seine *Naturales quaestiones – Naturwissenschaftliche Untersuchungen*, auf die er hier schon verweist und die auch Lucilius gewidmet sind. – Am Anfang stellt Seneca die Vorstellungen der Stoa und die des Demokrit und Epikur gegenüber: ein geordneter Kosmos gegen die ziellos schweifende Materie, d. h. die Atome.

99 Nero brachte junge Männer aus vornehmen Familien dazu, als Kämpfer in der Arena aufzutreten, vgl. Tacitus, *Annalen* 14,14.

100 D. h., der nicht wie die Götter Epikurs in Intermundien, Zwischenwelten, lebt und sich nicht um die Menschen kümmert. Vgl. Kap. 1, S. 139: »dass die Gottheit Anteil an uns nimmt« (*interesse nobis deum*).

101 Juba, König von Numidien, und Petreius hatten im Bürgerkrieg aufseiten der Senatspartei gekämpft, nach der Niederlage gegen Caesar bei Thapsos 46 v. Chr. töteten sie sich gegenseitig. Auch Cato (vgl. Anm. 51) wählte den Freitod, da er nicht von der Gnade Caesars abhängig sein wollte. Er traf sich jedoch nicht sogleich tödlich, da seine rechte Hand verletzt war, vgl. Plutarch, *Cato minor* [der Jüngere] 70. Einen Arzt, der seine Wunde verbinden wollte, wies er zurück und zerriss sich die Eingeweide mit eigenen Händen. Er hatte in der Nacht noch in Platons Schriften gelesen, sicher den Dialog *Phaidon*, in dem Sokrates vor seinem Tod mit seinen Freunden über die Unsterblichkeit der Seele diskutiert. Senecas Neffe Lukan wählte Cato zum Helden seines Epos *Pharsalia – Vom Bürgerkrieg*: *Victrix causa deis placuit, sed victa Catoni* – »Die siegreiche Sache gefiel den Göttern, die besiegte aber dem Cato« (1,128).

102 Ein Kanon römischer Helden, Vorbilder für Tapferkeit und Sittenstrenge: C. Mucius verfehlte den Etruskerkönig Porsenna, der Rom belagerte (6. Jh. v. Chr.), bei seinem Attentat, wurde ergriffen und hielt seine rechte Hand ins Feuer (daher sein Beiname Scaevola, Linkshänder), um seine Unerschrockenheit zu zeigen.

Daraufhin entschloss sich Porsenna zum Abzug, entließ Mucius und schloss Frieden mit den Römern. Vgl. Livius 2,12 f. – C. Fabricius Luscinus, Konsul 282 und 278 v. Chr., lebte anspruchslos, kämpfte gegen König Pyrrhos von Epirus und lieferte einen Überläufer, der sich erbot, den König zu vergiften, an diesen aus, vgl. Cicero, *De officiis – Vom pflichtgemäßen Handeln* 1,40. Er war der Zensor, der gegen einen Senator einschritt wegen des Besitzes von Silber, vgl. *Vom glücklichen Leben* Kap. 21, S. 123. – Zu P. Rutilius Rufus vgl. Anm. 66. – Zu M. Atilius Regulus vgl. Anm. 68.

103 L. Cornelius Sulla hatte sich selbst den Beinamen Felix, der Glückliche, gegeben. Als Diktator (82–79 v. Chr.) führte er ein Terrorregime durch Proskriptionen, schwarze Listen mit den Namen zum Tod bestimmter Personen, die vogelfrei waren. Ihr Besitz ging an den Staat, ein Teil an ihren Mörder. Das von Sulla erlassene Gesetz, nach seinem Gentilnamen das Cornelische genannt, sah strenge Strafen gegen Mordtaten außerhalb der Proskriptionen vor.

104 C. Cilnius Maecenas, Förderer (»Mäzen«) von Dichtern wie Horaz und Vergil, Freund und Ratgeber des Augustus. Seneca stellt ihn als verweichlicht dar und tadelt auch seinen Stil (*epist.* 101,10 ff.; 114,4 ff.). Wegen eines Liebesverhältnisses seiner Gattin Terentia mit Augustus ließ Maecenas sich scheiden, heiratete sie dann aber erneut, was in Rom Spott hervorrief.

105 Die Triumvirn, vgl. Anm. 9, deren Machtstreben Cato bekämpfte. – P. Vatinius, Günstling Caesars, von Cicero scharf kritisiert, gewann mithilfe der Triumvirn die Wahl als Prätor gegen Cato 55 v. Chr.

106 Vgl. Tacitus, *Germania*, bes. Kap. 46.

107 Appius Claudius Caecus, d. h. der Blinde, Erbauer der Via Appia, Konsul 307 und 296 v. Chr. Er soll als Zensor 312 v. Chr. die Übertragung priesterlicher Ämter im Herkuleskult angeordnet haben und von den Göttern dafür mit Blindheit geschlagen worden sein, was Livius, der dies berichtet (9,29), jedoch in Zweifel zieht. Da der andere hier Genannte, L. Caecilius Metellus (vgl. Anm. 22), sein Augenlicht bei einer rühmlichen Tat verlor – er

rettete ein Götterbild aus einem brennenden Tempel – und Appius auch als Blinder noch ein hoch geachteter politischer Ratgeber war, meint Seneca wohl, für beide sei der Verlust des Augenlichts kein Übel gewesen.

108 Die Vestalinnen, die jungfräulichen Priesterinnen der Vesta, die das heilige Feuer zu hüten hatten.

109 Vgl. den Zeus-Hymnus des Kleanthes, dessen Anfang Seneca in eigener Übertragung zitiert (*epist.* 107,11). Kleanthes bittet den Gott, ihn zu führen, wohin auch immer, er wolle nicht zögern zu gehorchen, sondern sei bereit: *Ducunt volentem fata, nolentem trahunt* – »den Willigen führt das Schicksal, den Unwilligen schleift es mit«. – Augustinus zitiert diese Stelle aus Seneca und vergleicht die stoische Schicksalslehre mit der christlichen Vorstellung von Gott und Schicksal. Vgl. *De civitate Dei – Vom Gottesstaat* 5,8 ff.

110 Hier wird auf Vorstellungen von der Weltentstehung aus Platons *Timaios* zurückgegriffen, wie den Demiurgen, den Weltbaumeister (*artifex*), vgl. *epist.* 65,9 ff. Er hat die Materie nicht geschaffen, aber geformt und kann sie nicht mehr verändern, sonst bedeutete dies, er habe sie unvollkommen gemacht. Vgl. auch *Naturales quaestiones – Naturwissenschaftliche Untersuchungen* I *Praefatio* 3 und 16: Es sei eine Frage, ob Gott die Materie selber geschaffen hat oder ob er eine gegebene verwendet, ob Gott alles schaffen kann, was er will, oder ob die Materie bei der Bearbeitung in vieler Hinsicht versagt, so dass dadurch diesem großen Künstler (*artifex*) vieles missrät, nicht durch Mangel an Kunstfertigkeit (*ars*), sondern weil die Materie dieser oft nicht gehorcht.

111 Ovid, *Met.* 2,79 ff. Der Sonnengott Sol will seinen Sohn Phaethon von dem Wagnis zurückhalten, den Sonnenwagen fahren zu wollen. Tethys: Meergöttin, Schwester und Gattin des Okeanos. Vgl. *Vom glücklichen Leben* Kap. 20, S. 122.

112 Vgl. das Vaterunser (Mt 6,9–13): »Führe uns nicht in Versuchung, sondern erlöse uns von dem Bösen«: *libera nos a malo* – von dem Bösen, nicht von dem Übel. – Die Ähnlichkeit der stoischen und der christlichen Ethik wurde von den frühen Kirchen-

schriftstellern vielfach hervorgehoben, vgl. auch den fiktiven Briefwechsel des Paulus mit Seneca.

113 L. Junius Brutus hatte den König Tarquinius Superbus vertrieben und die römische Republik begründet. Als Konsul 509 v. Chr. ließ er seine beiden Söhne zum Tod verurteilen, da sie sich zur Rückführung der Tarquinier verschworen hatten.

114 Nach stoischer Lehre ist die Seele zur Materie gehörig, wenn auch feinstofflich; sie vergeht mit dem Tode, lebt höchstens noch kurze Zeit und geht in die alles durchwaltende göttliche *ratio* oder ins Urfeuer ein, das periodisch die Welt vernichtet und wieder neu entstehen lässt. Seneca nähert sich der platonischen Vorstellung von einer unsterblichen Seele, die nach dem Tode zu ihrem himmlischen Ursprungsort zurückkehrt. So kann er sagen (*epist.* 102,23 ff.), das irdische Leben sei nur ein Vorspiel für ein besseres und längeres Leben, und der letzte Tag sei der Geburtstag der Ewigkeit.

Von der Muße

115 Der Zusammenhang ist wohl wie in *Vom glücklichen Leben* Kap. 1: Man muss die Masse meiden, die in ihren Fehlern befangen ist, sich von ihr absondern und seinen eigenen Weg gehen. Hier ist nun nicht nur von Absonderung, sondern von einem gänzlich zurückgezogenen Leben die Rede.

116 Auch hier das Bild des Weges, mit einer Anspielung auf die Fabel des Äsop vom kranken Löwen, der einen Fuchs in seine Höhle locken will. Der lehnt ab: »Weil mich die Fußspuren schrecken; alle weisen zu dir hinein, keine weist zurück« (Horaz, *Epistulae* 1,1,70 ff.).

117 Vergil, *Aeneis* 9,612.

118 Vgl. Anm. 108. Die Vestalinnen übten 20 Jahre ihren priesterlichen Dienst aus, danach waren sie zehn Jahre lang für die Ausbildung von Novizinnen zuständig.

119 Vgl. *Von der Ruhe des Gemüts* Kap. 1, S. 51: Die führenden Stoiker befürworteten die öffentliche Tätigkeit.

120 Wenn z. B. die Sicherheit des Staates und damit die eigene bedroht ist und ein ruhiges, zurückgezogenes Leben unmöglich wird.

121 Vgl. *epist.* 28,4: »Nicht bin ich für einen einzelnen Erdenwinkel geboren, mein Vaterland ist diese ganze Welt.« Vgl. auch *Von der Ruhe des Gemüts* Kap. 4, S. 62 f.

122 Vgl. *epist.* 90,44: »Die Natur gibt nicht die Tugend, es ist eine Kunst (*ars*), gut zu werden.« Und 90,46: »Die Tugend wird nur einem Menschen zuteil, der unterwiesen, belehrt und durch ständige Übung zur höchsten Vollendung geführt worden ist.«

123 Nach Epikur leben die Götter sorgenfrei in den Räumen zwischen den Welten, den Metakosmien (lat. *intermundia*). Nach stoischer Auffassung durchdringt Gott als Pneuma (*spiritus*) bzw. *ratio*, Allvernunft, die ganze Welt. Gott bzw. die Natur wird hier, wie in *Von der Vorsehung*, mit personalen Zügen versehen, um eine mehr emotionale Verbindung des Menschen mit dem Kosmos herleiten zu können und die Vorstellung einer strengen Determiniertheit des Schicksals zu mildern.

124 Ein häufiges Argument für die Fürsorge der Götter für den Menschen bzw. für dessen Sonderstellung, vgl. Xenophon, *Memorabilia – Erinnerungen an Sokrates* 1,4,11; Ovid, *Metamorphosen* 1,84 ff.

125 Epikurs Atome, *átomoi*, lat. *individua*, im Folgenden *elementa*, Urelemente. Die Übersetzung *individua*, unteilbare Körper, findet sich bei Cicero, vgl. *De finibus bonorum et malorum – Über das höchste Gut und das größte Übel* 1,17. Zu Senecas Forscherdrang vgl. seine *Naturales Quaestiones*.

126 Aristoteles, der Erzieher und Lehrer Alexanders des Großen, war nach dessen Thronbesteigung aus Makedonien wieder nach Athen zurückgekehrt und hatte dort seine eigene philosophische Schule gegründet (vgl. Anm. 29). Nach Alexanders Tod 323 v. Chr. bekam die antimakedonische Partei in Athen wieder die Oberhand, und um einer Verurteilung wegen angeblicher Gottlosigkeit zu entgehen, floh Aristoteles nach Chalkis auf Euböa, damit, wie er sagte, die Athener sich nicht abermals gegen die Philosophie versündigten (wie im Falle des Sokrates).

Literaturhinweise

Ausgaben

Den Übersetzungen liegen die folgenden Textausgaben zugrunde:

L. Annaei Senecae Dialogorum libri duodecim. Ed. L. D. Reynolds. Oxford: Clarendon, 1977 [u. ö.].

Sénèque: Dialogues. Lat.-frz. Ed. A. Bourgery. Paris: Les Belles Lettres, 1923. [5]1962–65.

Zweisprachige Ausgaben:

L. Annaeus Seneca: Philosophische Schriften. Lat.-dt. Hrsg. von M. Rosenbach. 2 Bde. Darmstadt: Wissenschaftliche Buchgesellschaft, [5]1995.

– Schriften zur Ethik. Die kleinen Dialoge. Lat.-dt. Hrsg. von G. Fink. Düsseldorf: Artemis & Winkler, 2008.

Von Seneca sind in lat./dt. Einzelausgaben in Reclams Universal-Bibliothek erschienen: Apocolocyntosis / Die Verkürbissung des Kaisers Claudius. – De brevitate vitae / Von der Kürze des Lebens. – De clementia / Über die Güte. – De otio / Über die Muße. – De providentia / Über die Vorsehung. – De tranquillitate animi / Über die Ausgeglichenheit der Seele. – De vita beata / Vom glücklichen Leben. – Epistulae morales ad Lucilium / Briefe an Lucilius über Ethik. – Naturales quaestiones / Naturwissenschaftliche Untersuchungen. – De ira / Über die Wut. – Medea (Tragödie). – Ödipus (Tragödie).

Als Einzelausgaben auf Deutsch liegen vor: Vom glückseligen Leben und andere Schriften. – Das Leben ist kurz!

Eine Auswahl aus Senecas Werk bietet: Seneca zum Vergnügen. Übers. und hrsg. von M. Giebel. Stuttgart: Reclam, 2014.

Zur stoischen Philosophie: Die Philosophie der Stoa. Ausgewählte Texte. Übers. und hrsg. von W. Weinkauf.

Weiterführende Literatur

Abel, K.: Bauformen in Senecas Dialogen. Heidelberg 1967.

Albrecht, M. von: Wort und Wandlung. Senecas Lebenskunst. Leiden 2004. (Mnemosyne. Suppl. 252.)

Baier, Th. / Manuwald, G. (Hrsg.): Seneca: philosophus et magister. Freiburg i. Br. / Berlin 2005.

Bartsch, S. / Schiesaro, A. (Hrsg.): The Cambridge Companion to Seneca. Cambridge 2015.

Costa, C. N. D. (Hrsg.): Seneca. London/Boston 1974.

Fuhrmann, M.: Seneca und Kaiser Nero. Berlin 1997.

Gauly, B. M.: Senecas Naturales Quaestiones. Naturphilosophie für die römische Kaiserzeit. München 2004.

Giebel, M.: Seneca. Reinbek bei Hamburg ^{7}2012.

Griffin, M. T.: Seneca, Philosopher in Politics. Oxford 1976. 21992.

Grimal, P.: Seneca. Macht und Ohnmacht des Geistes. Darmstadt 1978.

Hadot, I.: Seneca und die griechisch-römische Tradition der Seelenleitung. Berlin 1969.

Hadot, P.: Philosophie als Lebensform. Geistige Übungen in der Antike. Berlin ^{2}1991.

Inwood, B.: Seneca, der Erfinder des Selbst. In: Antike Philosophie verstehen. Hrsg. von M. van Ackeren und J. Müller. Darmstadt 2006. S. 273–296.

Kißel, W. (Hrsg.): Kaiserzeit I. Von Seneca maior bis Apuleius. Stuttgart 1985 [u. ö.]. (Die römische Literatur in Text und Darstellung. Hrsg von M. v. Albrecht. Bd. 4.)

Krefeld, H.: Seneca und wir. Zugänge zur Aktualität seiner Lehre. Bamberg 1992.

Krüger, G.: Seneca über das rechte Leben. Heidelberg 1994.

Maurach, G.: Seneca. Leben und Werk. Darmstadt ^{4}2005.

– Geschichte der römischen Philosophie. Eine Einführung. Darmstadt ^{3}2006.

– (Hrsg.): Seneca als Philosoph. Darmstadt ^{2}1987. (Wege der Forschung. 414.)

Perkams, M.: Augustinus' Auseinandersetzung mit der stoischen Schicksalslehre in De civitate Dei 5. [Sen. epist. 107,11]. In: Gymnasium 115 (2008) S. 347–359.
Reitz, Chr.: Literatur im Zeitalter Neros. Darmstadt 2005.
Schönegg, B.: Senecas *epistulae morales* als philosophisches Kunstwerk. Bern [u. a.] 1999.
Steinmetz, P.: Die Stoa. In: Die Philosophie der Antike. Hrsg. von H. Flashar. Bd. 4: Die hellenistische Philosophie. Basel 1994. S. 495–716.
Veyne, P.: Weisheit und Altruismus. Eine Einführung in die Philosophie Senecas. Frankfurt a. M. 1993.
– Seneca. The Life of a Stoic. London 2002.
Weinkauf, W.: Die Philosophie der Stoa. Ausgewählte Texte. Stuttgart 2009. (Reclams Universal-Bibliothek. 18123.)
Wildberger, J.: Seneca und die Stoa. Der Platz des Menschen in der Welt. 2 Bde. Berlin 2006.

Nachwort

»Nicht für die Schule, für das Leben lernen wir«! Jeder kennt diesen erbaulichen Spruch, der jedoch eigentlich ganz anders lautet: »Nicht für das Leben, für die Schule lernen wir« – ein Stoßseufzer des römischen Philosophen Seneca über all das überflüssige Wissen, mit dem sich der Mensch vollstopft. Er wird dadurch zwar vielleicht gelehrt, aber kein tüchtiger Mensch, der mit seinem Leben zufrieden sein kann. Das lernt er nur mithilfe der Philosophie; diese darf sich aber nicht in engen Schulmeinungen und spitzfindigen Definitionen erschöpfen, sie muss Seelenheilkunde sein. Der Philosoph ist ein Arzt für die Seele. Wie kann er aber in den verschiedenartigen Nöten des Daseins den Menschen helfen – wenn jemand an Armut, Krankheit, Unterdrückung, Kummer leidet? Der Philosoph vermag keine Wunder zu tun, aber er kann dem Betroffenen zur richtigen Einstellung gegenüber dem Leben verhelfen, und damit wird dieser auch mit seiner speziellen Lebenssituation besser umgehen können. Das lehrte besonders die Philosophie, der sich Seneca verschrieben hatte, die Stoa. »In Übereinstimmung mit der Natur leben«, *secundum naturam vivere*, lautete die zentrale Formel der Stoiker. Die Natur (*physis*) umfasst das gesamte Universum, das von einem göttlichen Prinzip, dem Logos bzw. der *ratio*, der »Weltvernunft«, durchdrungen ist. Auch der Mensch hat in sich einen Keim dieser göttlich-kosmischen Vernunft, den es weiterzuentwickeln gilt. Dazu muss man in seinem Tun und Denken nach dem Zustand der *apátheia* streben, der inneren Unabhängigkeit und Freiheit von allen äußerlichen Dingen, die nicht in unserer Macht stehen, um so die »stoische Ruhe« zu gewinnen. Darin besteht das Glück, die *eudaimonía*. Die Stoa bietet damit eine durchaus realistische Definition dieses von allen Menschen erwünschten Zustands: Ändern kann man das Schicksal nicht; man muss es, da es in Verbindung steht mit dem göttlichen Prinzip, bejahen und dazu alle störenden Elemente ausschalten, vor allem die Affekte. Zorn, Herrschsucht, Habgier, Neid, Eifersucht, aber auch die hektische Alltagsbetriebsamkeit hindern an der Konzentration auf das Wesentliche. All das sind Hindernisse auf dem Weg zur Tugend, zur inneren Vollkommenheit. Die höchste Stufe dieser *virtus*, der Tugend, kann nur der Weise erreichen, der nach strenger stoischer Auffassung ein Ideal, nach Seneca ein Ausnahmemensch ist. Doch danach streben kann jeder, und er wird merken, dass er dabei freier und damit auch zufriedener, ja glücklicher wird.

Wenn Seneca dies immer wieder betont, kann er dabei auf eigene Erfahrungen verweisen. Er ist um die Zeitenwende im spanischen Cordoba geboren; sein Vater hatte sich in Rom rhetorischen Studien gewidmet und ein Werk über die Redekunst seiner Zeit verfasst. Seine Mutter Helvia hatte philosophische Neigungen, und der Sohn Lucius Annaeus sah später seine Aufgabe darin, die Philosophie als Lebenskunst in rhetorisch ansprechender Weise zu vermitteln. Darin bestärkten ihn auch seine Lehrer in Rom wie der Stoiker Fabianus.

Seneca begann die übliche Ämterlaufbahn und gewann ersten Ruhm als glänzender Redner. Damit zog er sich freilich auch die Eifersucht des Kaisers Caligula zu, der ihn kurzerhand liquidieren wollte, hätte man ihn nicht überzeugt, dass Seneca todkrank sei. Er litt an heftigen Anfällen von

Bronchialasthma. Unter dem nächsten Kaiser, Claudius, einem Freund der Gelehrsamkeit, hätte Seneca ungefährdet leben können, wäre da nicht Kaiserin Messalina gewesen, die ihre Position durch Julia Livilla bedroht sah, eine Schwester Caligulas. Missliebige Frauen schaffte man sich im Kaiserhaus vom Hals, indem man sie wegen Ehebruchs anklagte und in die Verbannung schickte. So war es mit den beiden Julien geschehen, Tochter und Enkelin des Augustus. Das Schicksal der Letzteren hatte der Dichter Ovid teilen müssen, den es an die Küsten des Schwarzen Meeres verschlagen hatte. Mit Julia Livilla zusammen machte man ebenfalls einen Intellektuellen mundtot: Seneca, der als angeblicher Ehebrecher auf das recht unwirtliche Korsika verbannt wurde. Er hat dort von 41 bis 49 nach Christus die Wirksamkeit seiner Philosophie erproben können: Sie half ihm zu überleben, und so fühlte er sich später berechtigt und berufen, sie seinen Mitmenschen zu empfehlen.

Mit Kaiserin Messalina nahm es das verdiente schlimme Ende, und ihre Nachfolgerin wurde die Schwester Julia Livillas: Agrippina. Sie holte Seneca aus der Verbannung zurück und übertrug ihm die Erziehung ihres Sohnes aus erster Ehe, den sie als Thronerben aufzubauen gedachte: Nero. Nachdem Claudius 54 n. Chr. verstorben und der junge Nero Kaiser geworden war, bot sich für Seneca eine glänzende Perspektive: Hatten nicht alle Philosophen seit Platon davon geträumt, dass die Menschheit nur dann glücklich sein werde, wenn entweder die Philosophen Herrscher oder die Herrscher Philosophen seien? Seneca begann mit dem Ersteren; zusammen mit dem Prätorianerpräfekten Burrus leitete er im Namen des jugendlichen Kaisers die Politik in Rom und im Reich. Zugleich versuchte er seinen Zögling zum idealen Herrscher zu erziehen: Der Fürstenspiegel *Über die Milde* sollte ihm zeigen, wie schön und erstrebenswert es sei, aufgrund einer gerechten und humanen Herrschaft von allen geliebt zu werden. Die Zeit von 54 bis 58 n. Chr., als Seneca Manager der Macht war, ist von keinem Geringeren als Kaiser Trajan als das »glückliche Jahrfünft« bezeichnet worden. Danach aber ging es bergab. Nero störte sich an der Bevormundung durch seine herrschsüchtige Mutter Agrippina, die er 59 n. Chr. schließlich sogar umbrachte; statt der Tugendlehren Senecas über die Humanität bevorzugte er den Wahlspruch Caligulas: »Mögen sie mich hassen, wenn sie mich nur fürchten.« Seine zunehmenden Willkürakte und Terrorurteile ließen in der Tat die finsteren Zeiten Caligulas wieder aufleben statt des goldenen Zeitalters, das man sich vom jungen Nero erhofft hatte.

Noch ging das Leben in Rom nach außen hin seinen gewohnten Gang, doch eine allgemeine Unsicherheit griff allmählich um sich. Wo findet der Einzelne Halt? Hier bot sich die Stoa als Überlebensstrategie an, und Seneca konzentrierte sich in seiner schriftstellerischen Tätigkeit auf zwei große Themen: Zum einen geht es um das Streben nach Unabhängigkeit von der Außenwelt, verbunden mit der Einsicht in den wahren Charakter der Dinge, die uns umgeben. Sind sie ein *bonum*, ein Gut, oder ein *malum*, ein Übel? Gibt es außer der Tugend, der *virtus*, überhaupt ein echtes Gut? Sind die *mala*, die vielfältigen Unannehmlichkeiten des Lebens, überhaupt Übel, die uns schaden können? Seneca und seine Schule glaubten, dass es möglich sei, die Übel zu überwinden, mithilfe der *recta ratio*, der Vernunft, die durch stete Übung geschult wird, das

Richtige zu erkennen und sich entsprechend zu verhalten. So wird man auch über das härteste Geschick triumphieren können, und selbst der Tod wird seinen Schrecken verlieren.

Ist eine solch beispielhafte Haltung überhaupt zu verwirklichen? Der Weise der stoischen Lehre war ein Ideal, ein Musterbild, an dem man sich orientieren konnte. Doch Seneca, dem Realitätssinn des Römers verpflichtet, nennt zwei Persönlichkeiten, die dieses Ideal nach Kräften verkörpert haben, und zwar unter härtesten Bedingungen. Bei den Griechen ist es Sokrates, der sein Leben durch seinen standhaft ertragenen Tod krönte, bei den Römern aber Marcus Porcius Cato, ebenso rigoros, unbestechlich und sittenstreng wie sein Vorfahr Cato Censorius, der als *der* Römer nach Art der *maiores*, der Vorfahren, galt. Cato der Jüngere, Stoiker und aufrechter Republikaner, stemmte sich gegen die Verfallserscheinungen der Republik, gegen das Machtstreben der Großen, kämpfte im Bürgerkrieg aufseiten der Senatspartei gegen Caesar und lehnte es nach der Niederlage bei Thapsos im Jahr 46 v. Chr. ab, die freie *res publica* zu überleben und von Caesar, seinem Mitbürger, wie ein besiegter Feind begnadigt zu werden. Er wählte den Freitod und wahrte damit seine Integrität über den Tod hinaus. Für die Generation Ciceros war er der aufrechte Republikaner, für die Nachwelt unter tyrannischen Kaisern das Vorbild, wie man auch in der schlimmsten Lage seine Persönlichkeit bewahren könne. Für Seneca ist er der *vir sapiens* und der *vir fortis*, der Weise und der Tapfere, Tüchtige, der stoische Grundsätze und alte Römertugenden verbindet.

Neben der Selbsterziehung und Selbstbehauptung behandelt Seneca als zweites wichtiges Thema die Wahl einer Lebensform: Für den Römer war die *vita activa* der normale Weg: das *negotium* mit den bürgerlichen Pflichten der Ämterlaufbahn, im Senat, im Gerichtswesen, in der Provinzverwaltung. Erst in vorgerücktem Alter hatte man Anspruch auf ein Leben im *otium*, in Ruhe und Muße. Nun aber, angesichts der Gefährdungen und der kaum noch vorhandenen Einflussmöglichkeiten, zogen es viele Senatoren vor, das *otium* zu wählen, die Ruhe, den Rückzug aus dem öffentlichen Leben. Seneca sieht die Wahl einer solchen *vita contemplativa* durchaus als berechtigt an. Sie muss aber sinnvoll ausgefüllt werden und darf nicht in plattes Genießertum ausarten oder zum völligen Ausschluss aus dem Leben führen. Auch im *otium* kann sich der Mensch als autonom Handelnder bewähren. Selbst wenn er vom politischen Leben ausgeschlossen ist, wird er, indem er nach den Grundsätzen der *virtus*, der sittlichen Vollkommenheit, lebt, seiner Umgebung als Vorbild dienen. Besonders durch das Schreiben kann man nicht nur der Mitwelt, sondern auch der Nachwelt nützen. So hatte schon Cicero seine schriftstellerische Tätigkeit, durch die er die Philosophie in Rom einbürgerte, als ein fruchtbares *otium*, ein Wirken zum Nutzen seiner Mitbürger, angesehen, geradezu als ein *negotium* mit anderen Mitteln. Wie Cicero wählt Seneca eine Form, von der sich der Einzelne angesprochen fühlen sollte.

Dialogi heißen seine philosophischen Essays, von denen die folgenden hier vorgestellt werden: *Von der Kürze des Lebens* (*De brevitate vitae*), *Von der Ruhe des Gemüts* (*De tranquillitate animi*), *Vom glücklichen Leben* (*De vita beata*), *Von der Vorsehung* (*De providentia*), *Von der Muße* (*De otio*). Sie sind keine Kathederschriften, sondern an ein Gegenüber gerichtet, eine namentlich genannte Person, wie Verwandte oder Freunde. Doch Seneca hat gleichzeitig ein weiteres Publikum im Auge. Er hält Zwiesprache mit dem Leser, und bei der Anprangerung von Fehlhaltungen spricht er in der Wir-Form: Jeder kann und soll sich angesprochen fühlen. Freilich geht er in der Virtuosität seines Stils weit über Cicero hinaus; er trägt den gewandelten Hörgewohnheiten seiner Zeit Rechnung, wie sie in Tacitus' *Dialog über die Redner* formuliert werden: Heutzutage hört der Richter dem Anwalt nicht zu, wenn er nicht durch einen abwechslungsreichen Stil die Aufmerksamkeit fesselt. Und wer hätte noch Geduld für die langen Reden aus Ciceros Zeit? Der Typus des heutigen Hörers ist der *vagus auditor*, der in der Basilica Iulia, dem Gerichts- und Versammlungsgebäude, zwischen den verschiedenen Rednern hin und her schlendernde Zuhörer, der auf Glanzstellen, auf Bonmots lauscht, diese sogar notiert und weitergibt. Auf einen solchen Hörer bzw. Leser, in der Großstadt Rom durch Reize aller Art leicht ablenkbar, hat Seneca seinen Stil ausgerichtet. Statt wohlabgerundeter langer Perioden gibt es einen Staccatostil kurzer Glieder mit Pointen und Sentenzen, die in ihrer Fülle und Gedrängtheit wie ein Feuerwerk auf den Leser niedergehen. Philosophische Lehrsätze werden mittels rhetorischer Finessen dargeboten und illustriert mit bildhaften Anekdoten. Der knappe und prägnante, aufs Paradoxe zielende Stil der Stoiker ist hier bis ins Extrem getrieben. Aus dem Repertoire der Kyniker, der Nachfolger des Diogenes, die gewissermaßen den äußersten Flügel der Stoiker bildeten, stammen die oft provozierende Kritik an der Lebensweise der Unphilosophischen oder der Abweichler sowie die Verwendung greller Bilder, wie aus der Sphäre des Militärs und der Gladiatoren. Der Appellcharakter der Rede wird betont: Der Hörer soll, wie wir heute sagen würden, nicht um- oder abschalten, er soll seine Zeit nutzen, indem er sich mit Wichtigem beschäftigt, das heißt mit den Regeln der Philosophie, die ihm helfen, ein glückliches Leben zu führen. Wenn Seneca vom Philosophen als *vir* spricht, so bedeutet dies keine Einschränkung auf das männliche Geschlecht. Aus den Trostschriften an Marcia und die Mutter Helvia geht hervor, dass er, wie es stoischer Auffassung entsprach, auch die Frauen für fähig hielt, *immobilis constantia*, unwandelbare Standhaftigkeit, zu beweisen.

Von der Kürze des Lebens

»Das Leben ist lang, wenn du es zu nutzen verstehst«

Die Klage, das Leben sei zu kurz, man habe nicht genügend Zeit, ist nicht erst ein Problem unserer Tage. Seneca will klarmachen, wie die Lebenszeit, die doch unser kostbarster Besitz ist, oft in hektischer Alltagsbetriebsamkeit vergeudet wird. Hierzu boten ihm seine Zeitgenossen reiches Anschauungsmaterial, das er in brillanten, witzigen Bildern ausbreitet: Da sind die Betriebsnudeln, die Wichtigtuer, die Snobs, die jedem Modetrend hinterherlaufen, überall dabei sein müssen, sich mit Luxus aller Art, mit prunkvollen Einrichtungen und kostspieligen Gastmählern übertreffen. Sie verzetteln sich in allerlei unnützen Beschäftigungen, und am Schluss haben sie das Gefühl, das Leben verpasst zu haben. Rechte Nutzung der Zeit, so empfiehlt Seneca, statt Zeitvertreib, dann ist das Leben lang genug.

Das gilt besonders, wenn man sich schon in vorgerücktem Alter befindet, wie Paulinus, Senecas Schwiegervater, dem diese Schrift gewidmet ist. Er hat das Amt der Getreideversorgung des Römischen Reiches inne, eine höchst verantwortungsvolle Tätigkeit, aber soll das alles gewesen sein? Viele fürchten sich vor dem Alter, weil sie sich dann ins Aus gestellt fühlen. Aber hier gilt es umzudenken. Paulinus kann seine Verantwortung nun auf andere Schultern legen und sich dem *otium* widmen, einer sinnvoll ausgefüllten Muße. Für den Stoiker, der sich im ganzen Weltall zu Hause fühlt, bietet sich die Betrachtung der Naturphänomene an, die Gesetzmäßigkeit im All und überhaupt die Beschäftigung mit allem, was die großen Geister der Vergangenheit uns hinterlassen haben. All dies ist geeignet, den Menschen aus den engen Schranken seines Ichs zu befreien. Dann wird er die Seelenruhe gewinnen, im Gegensatz zu denen, die sich noch im Alter in ruhelosen Beschäftigungen verzehren und schließlich noch für ihr Grab pompösen Aufwand anordnen.

Von der Ruhe des Gemüts

»Weitaus das Beste ist es daher, die Tätigkeit abwechseln zu lassen mit Muße«

In der Form eines brieflichen Zwiegesprächs mit dem Freund und jüngeren Verwandten Serenus wirkt Seneca hier als Seelenarzt. Mit seinen heilsamen Ratschlägen bietet er sozusagen Rezepte und ein therapeutisches Programm für einen Seelenzustand, der recht modern anmutet. Serenus leidet unter einem innerlichen Schwanken, wie bei einer Seekrankheit: Er bejaht einerseits die Regeln der Philosophie, liebt ein Leben ohne Aufwand, ist aber dann doch wieder angezogen von dem Luxus seiner Umgebung; ebenso schwankt er zwischen einem Leben in Geschäften und stiller, den Wissenschaften gewidmeter Zurückgezogenheit. Aus dieser Zwiespältigkeit entsteht Trübsinn, Unbehagen an sich selbst, bis hin zu einem Hass auf die ganze Menschheit, in heutigen Begriffen Depression, Lebensüberdruss (*ennui*), Frustration, die zur Aggression gegen sich selbst (Selbsthass) und gegen andere führen kann. Diese negative Lebenseinstellung entsteht oft aus einer Ohnmacht infolge gescheiterter Lebensentwürfe. So sieht es auch Seneca: Ein Umdenken ist nötig, eine nüchterne Einschätzung dessen, was der Einzelne leisten und was er vom Leben erwarten kann. Rührt nicht vieles vom Unglück der Menschen daher, dass sie sich Ziele setzen, die nicht zu erreichen sind, dass sie auf Sicherheit im Leben bauen, die es nicht gibt, und dass sie nicht schätzen, was sie ihr Eigen nennen, sondern sich verzehren nach dem, was die anderen haben, und sich von ihren Leidenschaften fortreißen lassen? Es gilt, ein sicheres Selbstwertgefühl aufzubauen, den Affekten keinen Raum zu geben, die eigenen Bedürfnisse, Neigungen und Pläne in ein harmonisches Gleichgewicht zu bringen und so innere Stabilität zu gewinnen, die Voraussetzung für die angestrebte Seelenruhe, die *tranquillitas animi.* Der Person des Serenus entsprechend gibt Seneca auch Ratschläge durchaus praktischer Natur: Entspannung durch Spaziergänge, geselliges Beisammensein mit einem fröhlichen Umtrunk können die innere Ausgeglichenheit fördern und diese Zivilisationskrankheit, an der neben Serenus viele leiden, überwinden helfen.

Vom glücklichen Leben

»Ein und dasselbe ist es also, glücklich und der Natur gemäß zu leben«

Mit seinem Bruder Gallio philosophiert Seneca auf einem etwas höheren Niveau als mit dem Freund Serenus. Ein glückliches, ein gelingendes Leben kann nur der führen, der sich von der *ratio* leiten lässt, von der Vernunft, die wieder der göttlichen Vernunft entsprechen muss, wie sie den Kosmos durchwaltet. So hatte es der Schulgründer Zenon um 320 v. Chr. formuliert. Die Vernunft zeigt dem Menschen das *summum bonum*, das höchste Gut, das im Besitz der *virtus*, der Tugend, der sittlichen Vollkommenheit besteht. Sie ist nicht nur das höchste, sondern auch das einzig wirkliche Gut, zugleich das *honestum*, das Ehrenhafte; demgegenüber sind die gemeinhin so eingeschätzten Dinge wie Reichtum, Gesundheit, Macht und Ansehen nur *adiáphora*, *indifferentia*, wörtlich: Dinge, auf die es nicht ankommt, wertneutrale Güter. Ihr Verlust ist kein Übel, es gibt nur *ein* wahres Übel, ein *malum*: die moralische Schlechtigkeit. Der Mensch, der nach der Weisheit strebt, der sich zur sittlich reifen, von der *virtus* bestimmten Persönlichkeit entwickeln will, muss die wertneutralen Dinge richtig beurteilen; sie sind zu seinem Glück nicht notwendig. Warum beharrt die Stoa auf einer solch rigiden, scheinbar lebensfeindlichen Einstellung? Weil wahres Glück dauerhaft sein muss, der Mensch aber nicht darauf vertrauen kann, dass ihm die Annehmlichkeiten des Daseins lebenslang erhalten bleiben. Sie sind nicht in seiner Verfügungsgewalt. Folglich muss er sein Glück auf dem aufbauen, was in seiner Gewalt ist, also nicht auf die Dinge selbst, sondern auf seine innere Haltung ihnen gegenüber, die sich auf den Besitz der Tugend gründet. Nur aus dem Bewusstsein dieses unverlierbaren Gutes entsteht das Glück, nur daraus die Unerschütterlichkeit des stoischen Weisen, der seine Affekte unter Kontrolle hat, auch angesichts von Leid und Tod. Der Stoiker ist aber keineswegs ein finsterer Asket, wie manche Vorwürfe lauten: Seneca betont hier, dass sich aus dieser inneren Haltung durchaus auch Freude ergibt, eine Seelenheiterkeit, die aber nichts gemein hat mit Freude und Vergnügen als Lebensziel, wie es manche propagieren. Schon Cicero hatte sich dagegen gewandt, die Tugend mit der *hedoné*, der *voluptas*, der Lust, dem Genuss und Vergnügen, also Stoa und Epikureismus, zu verbinden. Senecas heftiger Angriff lässt darauf schließen, dass es unter seinen Zeitgenossen wohl manche gab, die eine eigene, von allen philosophischen Schulen geprägte Weltanschauung, oder eher eine Modephilosophie, vertraten und ihm möglicherweise die Deutungshoheit über die Prinzipien eines rechten Lebens streitig machten. Umso nötiger erscheint Seneca die Entlarvung derjenigen, die unter dem Deckmantel der Philosophie ihren Gelüsten frönen. Er setzt deren vulgären Epikureismus ab von der wahren Lehre Epikurs, der niemals einem hemmungslosen Genussleben das Wort geredet habe. Auch bei einem weiteren wichtigen Thema sieht er Klärungsbedarf: Die Stoa erklärt die weltlichen Güter für unwesentlich – heißt das aber, dass man sie gar nicht haben darf? Ist ein Stoiker unglaubwürdig, der Reichtum und eine Stellung in der Gesellschaft besitzt? Als sich im Lauf der Zeit die stoische Philosophie zu einer populären Lebenslehre entwickelte, hatte man eine Milderung vorgenommen und die bedingte Wertschätzung der *adiáphora* gestattet, aber stets unter Vorbehalt. So wird der Weise zwar manche Güter nicht ablehnen, aber er wird ihren Verlust ohne große Bekümmernis verschmerzen. Dies gilt vor allem für den Reichtum, und hier bot Seneca seinen Gegnern eine Angriffsfläche: Der reiche Hof- und Weltmann predigt die Bedürfnislosigkeit! Tacitus berichtet von massiven Vorwürfen gegen Seneca. Ein gewisser Suillius, ein Mann von üblem Ruf, dem man den Prozess machte, wollte sich in besserem Licht darstellen, indem er andere, vor allem Seneca, angriff: »Durch welche Weisheit, durch welche philosophischen Lehren hat er das fertiggebracht, in vier Jahren der Freundschaft mit dem Kaiser solch ungeheure Reichtümer zusammenzuraffen?« Andere warfen ihm unseriöse Geldgeschäfte und seinen Luxus vor, wie eine Sammlung von 500 Tischen aus kostbarem Holz. Seneca war sich bewusst, Hasser und Neider zu haben, die durch Vorwürfe gegen ihn als Philosophen seine Stellung bei Hof erschüttern wollten. Er weist darauf hin, dass gerade der Reichtum eine *materia virtutis* bietet, indem man ihn zum Wohle seiner Mitmenschen benutzt, wie dies die Stoa ja auch fordert. Und um Einflussmöglichkeiten für die Philosophie zu haben, konnte man in der römischen Gesellschaft nicht wie ein Diogenes in der Tonne leben. Was die Vorwürfe gegen seine Person angeht, so weist Seneca der stoischen Klassifizierung gemäß darauf hin, dass er keineswegs der Weise sei, also der Meister stoischer Weisheit, sondern ein Adept, der *proficiens*, der noch auf dem Wege ist. Er übt sich in der innerweltlichen Askese, wie sie auch das Christentum gegenüber den Gütern dieser Welt empfiehlt: haben, als hätte man nicht.

Von der Vorsehung

»Ein Schicksalsschlag ist eine Gelegenheit, Tüchtigkeit zu zeigen«

Wenn die Welt von einer göttlichen Vorsehung gelenkt wird, warum erleiden dann gerade die Guten so viel Böses? Auf diese vom Alten Testament bis in die Neuzeit immer wieder diskutierte Frage der Theodizee, der göttlichen Gerechtigkeit, die hier sein Freund Lucilius stellt, will Seneca eine Antwort geben. Die Existenz einer Vorsehung bestreitet Lucilius nicht, so kann Seneca, wie er sagt, die Sache der Götter vertreten. Zwar kennt die Stoa keinen persönlichen Gott, sondern ein Geistprinzip, den göttlichen Weltgeist, der eins ist mit der *heimarméne*, der Schicksalsnotwendigkeit und Gesetzmäßigkeit des Kosmos. Doch je mehr die Stoa zur Lebenslehre und zum Religionsersatz wurde, desto mehr nahm sie auch religiöse Züge an, wobei sie sich schon auf den Zeus-Hymnus des Kleanthes, des Nachfolgers des Schulgründers Zenon, berufen konnte. Gott, Götter, Jupiter, Fortuna und Vorsehung (*providentia*) werden bei Seneca genannt als Vertreter einer höheren Instanz, die zwar dem stoischen Geistprinzip entspricht, aber durchaus personale Züge trägt. So kann Seneca seine Erklärungsstrategie auf dem Gedanken aufbauen, dass die Übel, die den Menschen treffen, von Gott, von den Göttern nicht als Strafe gemeint sind, sondern vielmehr eine Bewährungsprobe darstellen, eine Prüfung der *virtus*, der Tüchtigkeit und sittlichen Vollkommenheit. Es ist geradezu ein Zeichen der Wertschätzung, wenn der Mensch schweren Kämpfen und Leiden ausgesetzt ist: Gott traut ihm zu, dass er gestählt und gestärkt daraus hervorgeht. Gerade diejenigen, die Gott liebt, härtet er ab und prüft sie, so wie das Gold im Feuer erprobt wird und wie ein strenger Vater seine Kinder hart erzieht. »Wen der Herr liebt, den züchtigt er«, heißt es in der Bibel, die auch die Feuerprobe für den Gerechten kennt. Der Gott lässt nicht zu, dass den Menschen Böses geschieht, denn das eigentlich Böse, das sittlich Schlechte, hält er von ihnen fern, vor Schande und Verbrechen sind sie als Jünger der Tugend sicher. Und diese, das einzig wahre Gut, kann ihnen nicht genommen werden. Die äußeren Güter aber und das Leben selbst sind nur Leihgaben des Schicksals, und der Weise, der durch die Regeln der Philosophie gereifte Mensch, lernt beizeiten, ihren Verlust gering zu schätzen, in jener Haltung der Unerschütterlichkeit bis hin zur Todesverachtung, wie sie Cato der Jüngere zeigte, der von Seneca immer wieder als leuchtendes Vorbild und als Märtyrer der Tugend dargestellt wird. Sein mutiges Sterben ist ein würdiges Schauspiel für die Götter, die wie bei einem Gladiatorenkampf in der Arena mit Wohlgefallen zuschauen, wie ein tapferer Mann mit seinem Geschick ringt und es besiegt. Die Welt als Bühne und der Mensch als Schauspieler im Drama des Lebens war eine im stoischen Denken gebräuchliche Vorstellung (etwa bei Marc Aurel); sie wird aber hier zu einem wahren Leidens- und Todesfuror gesteigert, wie auch in den Tragödien Senecas. Die Terrorakte Caligulas, die Seneca selbst beschreibt, und jene Neros, über die er den Mantel des

Schweigens breitet, die aber von den Zeitgenossen am eigenen Leibe erlebt und von Tacitus und Sueton dokumentiert wurden, können eine Erklärung bieten für den Rigorismus eines unbedingten Strebens nach Schicksalsunabhängigkeit und Bewahrung des inneren Selbst – in letzter Konsequenz im Freitod, der in die Freiheit führt.

Von der Muße

»Also lebe ich gemäß der Natur, wenn ich ihr Bewunderer und Verehrer bin«

Der Dialog, dessen Anfang und damit die Nennung des Adressaten (Serenus?) verloren ist, stammt wohl aus dem Jahr 62, als Seneca selbst das *otium*, den Rückzug von seinen Hofämtern, gewählt hatte. Er sah keine Möglichkeit mehr, auf seinen ehemaligen Zögling Nero einzuwirken, dessen neue Ratgeber ihn auf andere Bahnen als die der Tugend lenkten. Tacitus beschreibt die Szene, wie Seneca in einer Audienz bei Nero offiziell demissioniert und seinen Rückzug in ein gänzlich privates Leben ankündigt. Er will dem Kaiser auch die Reichtümer zurückgeben, die er ihm verdankt, doch Nero lehnt dies ab – es würde ihm den Vorwurf der Undankbarkeit zuziehen. Seneca widmet sich auf seinen Landgütern der Schriftstellerei, einer aktiven Muße. So kann er auch für das *otium* als eine eigenständige Lebensweise eintreten, ohne den Vorwurf zu fürchten, er habe sich Epikurs Leitsatz »Lebe im Verborgenen« zu eigen gemacht, während die Stoa dafür eintritt, bis zum letzten Atemzug für die Mitmenschen tätig zu sein. Was aber, wenn die öffentliche Tätigkeit durch den Zustand des Staates erschwert, ja unmöglich gemacht wird und dieser auch von dem Weisen nicht zu bessern ist? Seneca bringt als Beispiel Athen, wo Sokrates zum Tode verurteilt wurde, doch musste jeder Leser auch an das Rom seiner Tage denken. Aber es gibt noch einen anderen, größeren Staat: Der Stoiker ist Bürger der ganzen Welt, ja des Kosmos. Und diesem Staat kann er dienen, wenn er seine Gesetzmäßigkeiten erforscht, die ihn wieder auf die Grundvoraussetzungen des Menschen zurückführen. Mit spürbarer Begeisterung spricht Seneca hier von der Schau des Kosmos; er will forschend über das hinausgehen, was die Philosophie der Stoiker wie der Epikureer darüber sagt; bis in die bodenlose Leere jenseits des uns bekannten Weltalls will er vordringen, geleitet nicht nur von Forscherdrang, sondern auch von der Bewunderung für die Schöpfung als Werk der alles durchwaltenden göttlichen Weltvernunft. Wenn er – und alle, die er dazu aufruft – nun das Wesen der Natur erforschen, die Materie und das Walten Gottes, was leisten sie dann? »Dass diese seine großen Werke nicht ohne Zeugen sind.« Die Einblicke in das Walten der Natur, der Aufweis einer kosmischen Ordnung soll eine Hilfe für den Menschen sein, gemäß dieser Natur zu leben: Der »Blick von oben« auf das Weltgetriebe macht frei von den engen Bedingungen des Daseins und führt über die eigene Sterblichkeit hinaus.

In dieser Überzeugung von der Naturbetrachtung als einer würdigen Aufgabe des Menschen, die ihn zur Seelenruhe führt, beginnt Seneca seine *Naturwissenschaftlichen Untersuchungen* (*Naturales quaestiones*) und die Summa seiner Philosophie, die Briefe an den Freund Lucilius, die er noch zu einem gewissen Abschluss führen konnte. Seneca war nicht Teilnehmer, wohl aber Sympathisant der Verschwörung des Calpurnius Piso gegen den tyrannischen und größenwahnsinnigen Kaiser im Jahr 65. Sie wurde entdeckt und bot Nero die Gelegenheit zu einer Säuberungswelle, der auch sein ehemaliger Lehrer, der ihm ein lebender Vorwurf war, zum Opfer fiel. Seneca erhielt das Todesurteil in der Form des *arbitrium mortis*: die »Vergünstigung«, nicht vom Schwert des Henkers, sondern von eigener Hand zu sterben. Tacitus hat Senecas Tod geschildert; er starb würdig, gemäß seinen eigenen Worten aus seinem Dialog vom glücklichen Leben: »Und sobald die Natur einmal meinen Geist zurückfordert oder ich ihn nach reiflicher Überlegung selbst zurückgebe, will ich den irdischen Schauplatz verlassen mit dem Zeugnis, dass ich ein gutes Gewissen geliebt habe und ein edles Bestreben sowie dass durch mich keines Menschen Freiheit beeinträchtigt worden sei, am wenigsten meine eigene.«